Thierry

MÉMOIRES
DE ROUTES

*Le chant
des pagodes*

Préface

par Brigitte Hilly

Enfant, la Birmanie était un nom de pays dans un jeu de cour d'école ou de « petit bac ». Où se situait-il ?

À l'adolescence, les choses se précisent avec l'expatriation en 1971 de mon père à Rangoon. Encore lycéenne, je vais le rejoindre pour passer les deux mois d'été. À l'époque, Air France faisait escale à Rangoon et les visas touristiques étaient de trois jours. Grâce à mon père, nous avions des laissez-passer de type diplomatique, ce qui facilitait beaucoup les démarches et déplacements. C'est mon premier grand voyage et je découvre l'Asie.

Je me fais très vite à ce qui est nouveau pour moi, la chaleur moite qui me tombe dessus à la sortie de l'avion, les hommes et femmes tous habillés en *longyi*, des moines partout. Les souvenirs marquants de cette époque sont les mâcheurs de bétel aux dents rougies, les grappes humaines accrochées aux bus ou encore les gens marchant dans les ruelles sombres et pluvieuses, de l'eau jusqu'à mi-mollet à cause des pluies de mousson.

Mes pas dans Rangoon, qui me rappelle plus une grosse bourgade campagnarde qu'une capitale d'état, me conduisent dans les différents marchés aux légumes et fruits exotiques, et le marché à la viande où celle-ci est débitée à la hache mais où circulent aussi les mendiants en tous genres et revendeurs à la sauvette. Choc de deux mondes pour l'adolescente que je suis et qui vient faire les courses en voiture avec chauffeur.

Ces premières vacances se déroulent entre les visites de Rangoon et la fameuse pagode Shwedagon, les escapades à Pegu mais surtout la découverte de Pagan qui restera en moi pour toujours. Je marchais seule entre les temples dans la campagne.

La Birmanie reste confidentielle dans l'histoire familiale. Elle est, et reste ce petit mystère d'une terre qui nous a beaucoup appris à mes parents et à moi-même. Elle était la porte de l'espérance de l'Asie au sortir du colonialisme, une porte de l'oubli qui se referma sur elle-même comme une moquerie à la démocratie naissante.

J'ai rencontré Thierry Robinet en 1991, lors d'un séjour dans les îles de Java et Bali, en Indonésie. Je lui apprends au détour d'une conversation que ma famille a vécu en Birmanie au début des années soixante-dix.

De ce jour, nous entamerons de longues conversations, des échanges épistolaires, récits, coupures de presse, photos, et tisserons les liens d'une amitié.

Thierry m'a rouvert les portes de la Birmanie. J'ai eu l'occasion de marcher dans ses pas, d'admirer les couchers de soleil sur l'Irrawaddy, de m'imprégner de la sérénité des lieux visités, de croiser de nombreuses ethnies.

Je retourne régulièrement dans ce pays que l'on nomme aujourd'hui le Myanmar, je ne m'en lasse pas. Les mâcheurs de bétel et la mousson sont toujours là ; je reste attachée à ce pays où il reste tant à découvrir en prenant les chemins de traverse. J'apprécie la gentillesse et la douceur des Birmans, la richesse des peuples restés en marge du temps, la diversité d'architecture des pagodes :

celles de Kengtung, de Mrauk U ou de Pagan n'ont rien en commun.

J'aime aussi me perdre dans la foule du « festival de l'eau », admirer le travail des artisans, être spectatrice de l'animation et de la piété au Rocher d'Or, marcher le long de l'Irrawaddy, partager un thé. J'ai, gravés dans la mémoire auditive, le martèlement sourd et régulier des batteurs d'or de Mandalay, la psalmodie d'un bonze au pied d'un stupa de Sagaing et le tintinnabulement des clochettes, ce « chant des pagodes » qui est l'essence même de la Birmanie.

J'ai pris un très grand plaisir à lire « Mémoires de Routes, Le Chant des Pagodes », et vous incite à vous laisser embarquer et transporter dans l'aventure ; c'est un récit vivant dans lequel Thierry nous transmet sa sensibilité et ses émotions. Il connait ce pays mieux que quiconque, a posé le pied aux confins du territoire birman à une époque où il était très difficile d'obtenir un laissez-passer, et il est souvent allé « là où les autres ne vont pas ».

Vous vibrerez de concert et vous fermerez ce livre avec l'envie de découvrir ce pays et ses habitants ou d'y retourner tout simplement. Vous ne le regretterez pas.

« *Nous sommes ce que nous pensons.*
Tout ce que nous sommes résulte de nos pensées.
Avec nos pensées, nous bâtissons notre monde. »

Bouddha, Ve siècle av. J.-C.

La découverte

En 1978 mon séjour en Indonésie se termine après cinq mois de baroud dans les jungles de Sumatra. L'agence Delta à Paris me propose d'aller à Rangoon, en Birmanie, pour une plus ample connaissance d'un pays qui était pour le moins fermé.

Le visa était de sept jours, pas un de plus, et l'on était encadré par les services des guides de la *Tourist Burma*, toutes de la gente féminine, habillées on ne peut moins sexy et toutes à la solde du gouvernement. Je me souviens parfaitement de ce premier voyage, de mes discussions sans fin avec Pye-Pye – ma guide privée – pour avoir droit à un peu de liberté entre les visites, c'est-à-dire simplement sortir le soir pour aller boire une bière dans une taverne locale.

Rien à faire, obligation de rester à l'hôtel désigné, dîner sur place et se coucher tôt. De plus la nourriture que l'on nous servait était de mauvaise qualité, de l'européen *british style* à la sauce birmane, très douteux. Le soir, j'allais en douce dans la rue acheter un paquet de biscuits avec aussitôt la guide à mes trousses me demandant de rentrer rapidement, sinon elle allait avoir des problèmes. Elle, pas moi.

Devant tant de peine je rebroussais chemin avec Pye-Pye dans mon sillage, la mine renfrognée, maudissant un régime qui prenait tous les étrangers pour des espions américains et nous faisait crever de faim. J'en souris encore car c'était épique et finalement de la vraie aventure.

La Birmanie est l'un des plus beaux pays d'Asie. Un grand pays, plus grand que la France en superficie, qui s'étend des derniers contreforts himalayens jouxtant le Tibet jusque pratiquement la frontière de la Malaisie. Tous les degrés de nature, de climats, des hautes montagnes aux somptueux glaciers du Hkakaborazi, en passant par les plaines du delta de l'Irrawaddy, les terres désertiques de haute Birmanie, les forêts tropicales du Tenasserim, les sublimes plages de sable en Arakan, ou les îlots tropicaux sur la façade côtière sur plus de deux mille kilomètres. Ce pays est donc à plus d'un titre très intéressant, car qui dit nature diversifiée dit en général peuples multiples aux coutumes ancestrales.

Vu sous cet angle-là, mon cœur a très vite balancé pour une découverte insatiable de la Birmanie. Je ne pouvais m'arrêter à ces sept jours de visa qui n'étaient qu'un aperçu du grandiose de ce pays charnière, à mi-chemin de l'Asie centrale et de l'Asie du Sud-Est.

Dans ce manuscrit, j'utilise sciemment jusqu'à la dernière ligne les anciens noms du pays – Birmanie pour Myanmar, Rangoon pour Yangon, Pagan pour Bagan, Irrawaddy pour Ayeyarwaddy – car ce sont ces noms-là que j'ai connu sur de nombreuses années de voyages depuis 1978 et ils restent gravés dans mon cerveau. Il y a eu des changements de généraux, de monnaie, de noms de sites ou de villes, application des autorités à ennuyer le voyageur étranger mais en premier lieu le Birman lui-même.

Comme en Indonésie il n'y a pas une Birmanie, mais des

Birmanie, car ce pays est une mosaïque ethnique impressionnante entourant les Bamars ou Birmans de souche de la Birmanie centrale.

Le peuple birman

En 1978 la nation était connue comme « République Socialiste de l'Union de Birmanie ». La population était de quarante millions d'habitants dont quinze millions non Birmans de souche, incluant Indiens, Bengalis et Chinois des minorités urbaines, mais plus sûrement les nombreux groupes ethniques des pourtours frontaliers de l'union.

L'origine des peuplements, tous de race mongoloïde, sont classés en trois groupes principaux. Il est nécessaire de connaître cette perspective ethnique si l'on veut comprendre le peuple birman dans son ensemble et mon récit aux quatre coins du pays.

La première vague migratoire fut les Môns-Khmers originaires d'Asie centrale. Ils se sont installés dans les plaines de l'Irrawaddy, le delta du Sittang et au Tenasserim. De petits groupes comme les Was et Palaungs (le peuple des femmes girafes), s'isolent sur les plateaux à l'est du territoire pour conserver leur originalité ethnique et leur mode de vie primitif.

La deuxième vague migratoire fut les Tibéto-Birmans originaires eux aussi d'Asie centrale mais venus par le plateau tibétain. Ils se divisent en trois groupes. Les Proto-Birmans et les Birmans qui comprennent les Arakanais, les Inthas du lac Inle et bien d'autres. Ils composent encore aujourd'hui la majeure partie des états birmans, l'Arakan, une partie du plateau Shan et le Tenasserim au sud du pays. Les Chins, eux, ont élu domicile dans les massifs montagneux séparant l'Inde de la Birmanie. Ont suivi les

Kachins qui se sont installés entre les sources de l'Irrawaddy, le Yunnan et les derniers contreforts de l'Himalaya. À ce dernier groupe se rattachent les Nagas qui bordent la frontière nord-ouest avec l'Inde. Les Lisus sont venus eux par la vallée du Mékong, ainsi que les Akhas, et tous occupent la bordure orientale des états shans.

La troisième vague migratoire fut les Thaïs originaires du bassin du Yang-Tsé-Kiang qui envahirent d'abord le Yunnan au VIIe siècle, le nord de la Thaïlande et l'embellissement de leur capitale royale Sukhothaï, puis la Birmanie aux XIIIe et XIVe siècles. Au groupe thaï appartiennent les Shans, les Karens et les Kayahs.

Aujourd'hui, certains groupes ethniques des régions frontalières ont toujours des armées en rébellion contre le gouvernement central. Ces armées rebelles et leurs groupes politiques alliés suivent depuis des décennies des chemins différents, allant de la totale indépendance de leurs territoires à l'établissement d'une fédération d'états autonomes. Toutes ces rébellions ont des racines historiques dans les inlassables conflits qui jalonnent l'histoire de la Birmanie jusqu'à nos jours, incluant la deuxième guerre mondiale et son indépendance en 1948.

Au IVe siècle de notre ère, les Arakanais établirent leur royaume à l'ouest du pays sur les bords du golfe du Bengale. Des migrations successives du VIe au IXe siècles préludent les conflits ultérieurs. La civilisation môn entre en Birmanie en provenance du Cambodge. Les Karens en provenance du Yunnan s'installent durablement dans le nord-est du pays, idem pour les Birmans qui arrivent d'autres provinces chinoises et progressent vers le sud. Les Thaïs et Shans arrivent à leur tour du Yunnan, entraînant à leur suite des tas de petits groupes ethniques fuyant les persécutions sur leurs terres natales.

Du Xe au XIXe siècles de nombreux conflits jalonnent l'histoire du pays entre Môns, Birmans et Shans, qui tous veulent s'arroger les terres fertiles près des grands fleuves que sont le Salouen ou l'Irrawaddy.

Au moment de sa plus grande expansion, le pouvoir central birman, établi près des rives de l'Irrawaddy, n'exerçait qu'un contrôle limité sur les régions montagneuses qui constituent jusqu'à aujourd'hui près de soixante pour cent du territoire, et où vivent une centaine de groupes ethniques divers. Les dynasties birmanes de Pagan à leur apogée (XIe et XIIe siècles), d'Ava et Amarapura (XVIIIe et XIXe siècles), aussi puissantes fussent-elles, ne pouvaient administrer ces régions difficiles d'accès, occupées par des ethnies turbulentes. Elles se contentaient à l'époque de tributs symboliques remis par les rois shans, les chefs kachins ou palaungs qui reconnaissaient leur suzeraineté.

L'unification réelle du pays ne se fit qu'après l'annexion de la Birmanie par les Britanniques en 1886. Après avoir réprimé sévèrement les soulèvements qui éclatèrent dans les plaines au lendemain de leur conquête, les Anglais entreprirent une longue et sanglante campagne de pacification destinée à placer sous leur contrôle les territoires stratégiques situés aux confins des frontières de l'Inde, de la Chine, du Laos et de la Thaïlande. Ces zones étaient occupées par des tribus belliqueuses telles que les Nagas, les Kachins, les Shans ou les Karens, qui avaient toujours été indépendantes. Pour la première fois dans l'histoire de la Birmanie, les peuples montagnards et les Birmans étaient soumis à une autorité commune, mais pas aux mêmes lois.

Les Britanniques, qui avaient appris à leurs dépens que les tribus n'étaient pas aussi dociles que les Birmans, leur accordèrent une certaine autonomie ainsi que le droit d'être dirigées par leurs lois coutumières. En Inde comme en Birmanie, les Anglais devaient faire face depuis longtemps aux aspirations nationalistes de leurs sujets et ils appliquaient le vieux principe de « diviser pour régner ».

Après l'indépendance dès l'année 1948, le gouvernement révolutionnaire de « Bogyoke » Aung San, poursuivant sa politique de complète égalité raciale, a aboli les termes de « minorités raciales » et de « nationalités ». En 1964, la liste officielle des races a été proclamée en fonction de l'ordre alphabétique birman. Elle a ignoré cependant de nombreux petits groupes distincts, même apparentés.

Les différents états princiers entretenant depuis des siècles un courant d'échanges avec la Chine, ses nationaux se sont établis en Birmanie et mêlés aux indigènes. Les rois birmans ont favorisé les assimilations en déplaçant des populations entières, créant de nombreux villages en haute et basse Birmanie avec leurs prisonniers de guerre qu'ils fussent thaïs, môns, manipurs ou même portugais après la prise de Syriam au sud de Rangoon.

Un mouvement de fonctionnaires indiens, appelés par l'Empire britannique pour mettre en valeur et administrer le pays, s'est également développé dès le XVIIIᵉ siècle. Il n'y a qu'à regarder aujourd'hui les habitants des villes de Rangoon ou Pegu qui semblent parfois plus indiens que birmans.

Dès le XIVᵉ siècle jusqu'à l'annexion du territoire par les Britanniques, s'était développé un processus d'unification par la culture, la langue et la littérature dont le facteur principal était le rayonnement de la pensée bouddhiste. Seuls les groupes montagnards sont restés à l'écart de cette assimilation.

La population birmane dans son ensemble apparaît clairement comme un trait d'union entre le monde indien ou chinois et les peuples d'Asie du Sud-Est.

« Unité dans la diversité » était le leitmotiv d'Aung San, le père de la nation, dans la même ligne que le président Sukarno en Indonésie, mais les réalités sur le terrain sont souvent tout autres.

Cela dit, c'est par le peuple Bamar que l'on commence son voyage car l'étranger n'était, et n'est (presque) toujours pas autorisé en 2017 à voyager librement sur certaines parties du territoire.

Shwedagon

C'est à Rangoon que tout commence, au pied de la colline Dagon et l'immense stupa de la pagode Shwedagon, la colline d'or.

Je qualifierais cette pagode de huitième merveille du monde tant je fus subjugué par l'imposant édifice s'offrant à mes yeux à la sortie des longs couloirs couverts où le petit peuple s'affaire. Stupa de 117 mètres de hauteur couvert de feuilles et plaques d'or, le *Tyi* (ombrelle) sommital, avec sa girouette incrustée de 2428 pierres précieuses et le *Seinbou* ou bourgeon de diamants en or massif serti de 4443 diamants, rubis, saphirs et topazes. Chaque matin, les premiers rayons du soleil viennent frapper une énorme émeraude qui, placée au centre du globe, renvoie un rayon vert.

Shwedagon, un hymne à la beauté et au recueillement. Tourner et retourner dans le sens des aiguilles d'une montre le stupa central, contourner les dizaines de lieux de prières, contempler les milliers de bouddhas d'or. Au soleil couchant, regarder la population venue demander à la divinité de la compassion, aide morale à une époque où la Birmanie s'enfermait dans les voies d'un socialisme bouddhique pur et dur, où la liberté d'expression n'existait plus, sauf devant le bouddha Gautama.

Cela attisa ma curiosité dans ce pays à nul autre pareil. Une mixture utopique de marxisme d'obédience bouddhique, généraux tout puissants qui gèrent le pays à la baguette et font inlassablement des offrandes au

Bouddha, œuvrent à l'embellissement des pagodes et se recueillent pieusement comme tout bon Birman.

Il faut se pencher alors sur le premier vrai Empire birman pour comprendre l'histoire de ce pays, puis les différentes capitales qui se suivirent jusqu'à aujourd'hui.

Au fil des siècles, les grands princes animistes de jadis qui guerroyaient jusqu'au cœur de l'Empire khmer, finirent par embrasser la foi bouddhique.

Pagan, lumière du monde

Pagan, îlot de lumière sur le monde, illumination divine pour le voyageur. Pagan baigné par les eaux nourricières du fleuve Irrawaddy descendu des contreforts himalayens, déployant comme une féerie ses deux mille trois cents temples au sein d'un paysage d'une infinie sérénité, l'un des plus inspirés que j'ai pu découvrir, et sur un plan architectural l'un des plus accomplis d'Asie.

Lorsque j'ai vu Pagan pour la première fois, j'ai compris qu'il se passait quelque chose, que j'effleurais la vraie beauté et que je n'étais pas là par hasard. L'impression de revenir douze siècles en arrière, de voir une population moyenâgeuse, redécouvrir cet âge d'or des bâtisseurs. Pagan à la première vision, je vous assure que c'est un choc extraordinaire de beauté, d'apaisement et une situation historique exceptionnelle. J'ai rarement vu aussi parfait, et surtout être seul au monde en contemplation devant ces milliers de temples et pagodes.

Angkor Vat au Cambodge est d'une beauté rare, l'un des piliers architecturaux de l'Asie, statuaire d'un raffinement incomparable. Anuradhapura ou Polonnaruwa au Sri Lanka sont des lieux chargés de symboles. Parcourir les ruines de Hampi à bicyclette reste une vraie découverte des grands empires oubliés de l'Inde centrale. Mais Pagan dépasse tout cela.

Je me souviens de ma rencontre avec Pierre Pichard, architecte de l'École Française d'Extrême-Orient dès la fin des années soixante-dix. Le suivre dans son travail de remise sur pieds de certains stupas bien abîmés par le temps et les pillards. Discuter et boire un verre après le soleil couchant avec ce personnage admirable de simplicité qui travaillait avec des moyens très limités. Son équipe d'ouvriers birmans reconstruisait les pagodons de la même manière que les rois de la première dynastie, briques rouges, chaux blanche des carrières en aval de Pagan. Il était bien l'un des rares étrangers en dehors du corps diplomatique à vivre dans le pays avec un visa spécial longue durée, et l'un des très rares en qui on avait confiance à Rangoon.

Pour celui qui a compris que ce site est exceptionnel, il est acquis dès les premières minutes que la découverte d'un des plus grands sites archéologiques du monde se fera à bicyclette ou en calèche tirée par un cheval.

Quarante-deux kilomètres carrés de ruines, de temples, de pagodes, stupas, sikharas, vimanas, zedis… Tout ce que le monde bouddhique connait de styles de constructions a été érigé ici à Pagan : influences thaïe, indienne, sri lankaise et khmère se retrouvent çà et là entre les villages de Nyaung-U, Pagan, Bwasaw, Minnanthu, Myinkaba.

J'ai vécu à Pagan des moments de grande intensité. Rencontres inédites, furtives, chaleureuses, enjouées, émotionnelles, irréelles avec le monde des Birmans de tous bords pendant ces périodes troubles d'avant les massacres de 1988, jusqu'aux débuts de l'année 2000.

Pagan jouissait d'une plus grande liberté que dans le reste du pays, très certainement grâce à ce site remarquable visité par de nombreux voyageurs européens et américains. Le village de Pagan à l'intérieur du site archéologique voyait fleurir de nombreuses maisons d'hôtes au fil des années, et je descendais régulièrement à Zar Nee Guest House en face de la pagode Gawdawpalin. À Pagan l'on pouvait voyager librement sans guide à nos trousses, aller dans les petits restaurants locaux. Interdiction seulement de séjourner ou de dormir chez l'habitant sans autorisation préalable pour ne pas « polluer » l'esprit des Birmans avec nos idées « occidentales impérialistes ».

J'ai un bon copain à Pagan, U Aye Twin, rencontré un beau jour sur un bateau qui traversait l'Irrawaddy pour visiter un village de tisserands sur les îles pendant la saison sèche. Rencontre épique où, voyant un local voyageant avec une guitare, je la lui empruntais gentiment, montais sur le toit du bateau et me lançais dans un rock 'n roll *Be Bop a Lula* devant des gens bouche bée qui regardaient cet étranger gesticuler sur le toit du caboteur. Aye Twin était parmi les passagers et après m'être calmé, redescendu sur le pont, il vint me voir pour me dire dans un excellent anglais que c'était super et que personne d'autre n'avait jamais fait cela avant. Il voulait m'inviter chez lui mais les interdits de l'époque n'étaient pas simples à contourner.

Par chance il était guide à *Tourist Burma* (et pas un indic) et pouvait venir me voir à mon hôtel. Il connaissait très bien la famille Zar Nee. Depuis ce jour nous sommes devenus très amis.

Aye Twin finit par construire son restaurant sous sa maison sur pilotis et l'année suivante je pouvais librement aller déjeuner ou dîner chez lui. Les indics étaient assis aux quatre coins du restaurant. Aye Twin me les décrivait ; certains essayant d'écouter ce que nous racontions, aussi pour brouiller les pistes on parlait archéologie et temples, parmi d'autres choses. Aye Twin a deux femmes, deux sœurs et en bon prince charmant il les épousa toutes les deux, ce qui est « toléré » dans la loi birmane.

Système D

Dans les années quatre-vingt, il était tellement difficile pour un Birman de subvenir aux besoins de la famille que l'étranger de passage se voyait proposer des antiquités tout droit sorties des temples du site archéologique. Vraies ou fausses bien entendues, tout comme des rubis « Sang de Pigeon » où le premier venu pouvait se faire avoir comme un gamin, mais les sommes en jeu étaient tellement ridicules que l'on se laissait aller à acheter, avec de belles surprises parfois.

Il y eut les années bouteilles de whisky Johnny Walker, Red ou Black Label achetées en détaxe à Bangkok, et qui faisaient un tabac en échange d'une coquette somme d'argent local qui me payait mon séjour dans le pays (hors avion ou train qui se payaient en dollars).

Ensuite ce fut la folie sur les appareils photos, certains me demandaient de leur rapporter à ma prochaine visite un appareil Canon ou autre marque connue. Aye Twin était de ceux-là, aussi je lui offris mon Minolta un beau jour de 1983. Il m'en parle encore aujourd'hui.

À la sortie du pays, je m'étais au préalable mis d'accord avec un artiste américain rencontré à Pagan. Placé devant moi, il me fit discrètement suivre son appareil photo et lorsque le douanier me demanda de lui présenter le mien (inscrit sur la liste obligatoire rédigée à l'arrivée dans le pays), je le lui présentais ; celui-ci sans regarder dit « OK ». Pour un esprit bureaucratique birman, tous les touristes étrangers ont un appareil photo identique, ce fut donc sans problème pour nous deux. Je remercie ce musicien de New York pour son audace ce jour-là.

Jamais je n'ai eu peur des douanes birmanes à l'aéroport de Rangoon, alors qu'à chaque voyage je ramenais nombre de bouddhas en bois, bronze ou marbre, et d'antiques pots ou boîtes en laques, certaines très vieilles ayant appartenu à d'anciennes familles ou à des monastères.

L'effigie de Bouddha était interdite d'exportation, non seulement pour le trafic d'antiquités vers la Thaïlande principalement, mais surtout par respect du divin. Plutôt que d'essayer de cacher ces statues qui de toute façon seraient découvertes, car nous étions fouillés entièrement, je les présentais d'office au douanier en déclarant d'un ton plein de bonhommie que j'étais bouddhiste. Ma parole n'a jamais été mise en doute et je n'ai jamais présenté de bouddhas volés ou antiques.

J'ai toujours trouvé les douaniers birmans très conciliants – je n'irais pas jusqu'à dire sympathiques – mais plutôt affables avec les étrangers.

Pareille mansuétude n'existait pas à l'égard du peuple birman…

La cité de cristal

Revenons à Pagan, la cité de cristal, lumière du monde. À ceux qui lisent ces lignes je demande d'aller découvrir les fresques immortelles des couloirs à la lumière diffuse des grands temples de l'Ananda, Dhammayangyi ou Sulamani, cathédrales de briques rouges ressemblant parfois aux constructions aztèques ou mayas de la lointaine Amérique centrale. Les moines de jadis parcouraient en silence ces immenses corridors racontant en images la vie du prince Siddhartha devenu le Bouddha, se prosternaient devant le maître, son visage exprimant calme et sérénité.

Même si les premiers vestiges bouddhistes de Birmanie du peuple Pyu, retrouvés dans leur capitale de Srikshetra, datent du début de notre ère, Pagan émerge dans l'histoire en l'an 1044. Œuvre du grand roi Anawratha qui le premier se convertit et introduisit le bouddhisme Theravada, délaissa les croyances ancestrales après avoir guerroyé dans un empire de plus en plus étendu aux coutumes et cultures plus riches que celle des païens birmans.

Anawratha, par voie de conséquence, fut l'initiateur des constructions religieuses monumentales qui se sont poursuivies pendant près de trois siècles sur le territoire de la ville impériale.

C'est à bicyclette parmi les ruines au soleil levant que l'on découvre Pagan. Seul au monde, sur les chemins de terre et de poussière, où l'on croise le paysan chaussé de sabots de bois qui dirige son bétail vers un champ herbeux.

Sillonner au milieu des pagodons où l'image du Bouddha se devine à l'ombre de fenêtres à claustra, admirer plus loin un alignement parfait de plusieurs stupas qui sont une offrande à Surya le dieu soleil, et finir au village de Minnanthu et les superbes fresques des temples grottes de Thambula ou Phaya Thon Zu.

La rencontre du moine renonçant Nanda Ma Nya est unique. Il vit cloîtré dans son monastère souterrain depuis près de quarante ans, dans des corridors creusés dans la pierre de sable et où domine le calme. Je connais le père supérieur de ce monastère depuis près de trente ans. À chacun de mes passages il me sourit, me reconnaît et ensemble nous échangeons sans un mot de petits cadeaux comme des cacahuètes ou bananes, et des regards qui en disent long sur ce personnage d'un autre temps, d'un autre monde. Un homme qui ne va jamais à l'extérieur et pourrait se comparer à son illustre prédécesseur, le « Sayadaw incomparable », connu lui aussi brièvement entre 1978 et 1984. Ou cet autre illustre personnage, Kalou Rimpoche, moine tibétain qui s'enferma dans une grotte pendant quarante années pour méditer, sans contact avec l'extérieur, juste avec les dévots qui lui apportaient sa maigre pitance.

Nanda Ma Nya, tout comme Rimpoche auparavant, suit à la lettre les principes du Bouddha, le jeûne, la méditation, clef universelle qui ouvre les portes de la sagesse. Chaque mot est pesé, peu de choses sont dites, le silence est la règle d'or.

À ce jour, le moine ne se lève plus beaucoup de sa

couche, la maigreur de son corps trahit une ascèse voulue, l'illumination est au bout du chemin.

Le vieil homme ne sait peut-être pas ce que j'ai vu un beau jour de l'année 1985, près du temple de Gawdawpalin, en plein soleil de midi. Le spectacle d'hommes enchaînés et attachés contre un arbre, réclamant de l'eau à la vue de tous, et personne pour leur porter à boire. Tout à côté, des militaires en armes, de quoi en décourager plus d'un d'essayer d'aider son prochain. Qui sont-ils ? Tous jeunes, plutôt très jeunes pour certains, où sont-ils emmenés ? Prisonniers de droit commun, trafiquants, voleurs, criminels, manifestants… Les plus jeunes me paraissent tout sauf criminels et j'ai de la peine ce jour-là à me sentir libre et heureux à Pagan. Entre l'extase des temples et du paisible de la vie au quotidien, Pagan résonne parfois des plaintes d'un peuple comme, je le suppose, cela devait se passer avec les esclaves du temps du roi Anawratha.

Expériences birmanes

Par deux fois j'ai connu la détention en Birmanie, certes différente de ces pauvres hommes de Pagan, mais une détention pas toujours très chaleureuse avec certains ordres bruts à mon encontre, pour me faire rentrer dans le rang.

Décembre 1981, je suis à Meiktila, ville charnière sur la route de Rangoon à Mandalay et point de départ vers l'ouest et la cité de Pagan, l'est et le territoire des montagnes shan. Carrefour de voyages, mais aussi carrefour ethnique où Chinois, Bengalis, Indiens et Birmans se partagent la ville. Nous sommes le 31 décembre, jour de la Saint-Sylvestre et l'hôtel où je me trouve à son petit orchestre pour la soirée qui ne doit pas dépasser dix-neuf heures, couvre-feu oblige. Je débarque dans le restaurant pour dîner, quelques locaux sont là à boire du whisky et du rhum de contrebande, l'orchestre joue de la musique locale. Au bout de quelques instants, je demande à prendre la guitare. Certains un peu éméchés commencent à hausser le ton. Je joue *Le Pénitencier* de Johnny Hallyday, quand soudainement deux ou trois ivrognes spectateurs deviennent hystériques et se mettent à hurler « America, America ! ».

Cela a duré cinq minutes et la police militaire est entrée en trombe dans le restaurant. Fils débranchés, guitare arrachée, je suis poussé à l'extérieur avec quelques-uns de mes excités du restaurant. Montée rapide dans le camion bâché, flingues et visages inexpressifs des forces de l'ordre, et nous voilà partis au poste de police quelque part en ville. Tout le monde se tait dans le camion. Un de mes compagnons d'infortune mâche du bétel et essaie de cracher entre le fin interstice de la tôle et la bâche du camion. Un soldat gueule et le mec avale sa salive toute rouge. Débarquement rapide, je suis mis de côté, les autres sont poussés dans une autre pièce. Je ne les reverrai pas. Un agent va venir me voir dans quelques instants, le temps de trouver quelqu'un qui parle correctement anglais, je suppose.

Il apparaît après un temps assez long. Nous sommes le dernier jour de l'année et le couvre-feu est déjà en place. J'ai dû malgré moi le déranger dans sa vie tranquille. Poli mais inexpressif, toutes les questions vont y passer : nom, prénom, famille, nationalité, ce que je fais là, pour qui je travaille, interdiction pour un étranger de se mélanger avec les Birmans et d'autres questions. Il sort mon passeport de son tiroir alors que je l'avais laissé avec mon argent dans ma chambre, preuve à l'appui qu'ils sont allés fouiller mes affaires. Il est clair qu'il a compris que je suis un touriste ou du moins fait comme si. Tout est OK. Mais il y a le couvre-feu et je ne peux rentrer, donc je dois rester la nuit au poste. On me montre un endroit pour me reposer dans une autre pièce où je suis seul avec un matelas par terre pas très propre, la lumière allumée toute la nuit. C'est ainsi que je passerai le réveillon de la Saint-Sylvestre dans un poste de police birman sans rien avoir à manger, ni à boire.

Comme quoi la musique n'adoucit pas toujours les

mœurs. Je me demandais ce que devait penser l'hôtelier, un indic de toute façon, celui-là même qui avait dû appeler les militaires. Et les autres soûlards, où étaient-ils passés ?

Le lendemain matin vers sept heures trente, une fois le couvre-feu levé on me rend mon passeport et me montre la sortie sans autre discussion. Pas de transport de prévu, je n'ai pas d'argent sur moi, ne sait pas si mon portefeuille est toujours dans ma chambre ou s'il est parti dans quelque poche. Aussi je rentre à pied, pas loin d'une heure de marche. À l'hôtel je retrouve toutes mes affaires, papiers, argent bien en place dans ma chambre. Sur ce, je règle ma note dans un silence glacial, me dirige en rickshaw vers la station et prend le premier bus direction Mandalay. Je ne peux m'empêcher de penser, après coup, que cette chanson était prédestinée.

Dans le même registre, quelques années plus tard à l'automne 1987 à Rangoon. Le pays est au plus mal, les militaires sont visibles de partout, à chaque carrefour des camions, des hommes en armes. Idem à Mandalay où j'ai vu quelques jours plus tôt une manifestation de moines à un croisement de rues. Je ne me suis pas attardé car la police ou l'armée ont la gâchette facile et tirent sur tout ce qui bouge.

À cette époque la junte déclare illégale toute réunion publique de plus de deux personnes dans les rues, les petits cafés de trottoirs. Le soir, couvre-feu dès dix-huit heures. C'est une époque où, ayant terminé ma mission en Indonésie, je m'arrêtais souvent en Birmanie en route pour Katmandou et les chemins de trek en Himalaya. J'avais la passion pour ce pays et aimais à chacun de mes stops dans Rangoon découvrir l'âme de cette ville, marcher des kilomètres à pied à la rencontre des bâtiments coloniaux, essayer de saisir par l'image les vieux immeubles de l'ancienne ville entre la pagode Sule et les bords de la rivière Rangoon.

L'hôtellerie n'était pas au top et je résidais souvent à l'hôtel Strand, fleuron de l'opulence britannique de l'époque coloniale. Pour aller vers ma chambre, j'aimais grimper les marches de l'immense escalier d'un teck poli par les ans où Somerset Maugham et Lord Mountbatten avaient posé le pied. Un Strand pas encore rénové et qui avait perdu de sa superbe depuis le coup d'état du général Ne Win en 1962. L'hôtel Inya Lake, autre trois étoiles du coin, bâtiment soviétique maussade bon pour les *apparatchiks* du pouvoir, n'était pas pour mon porte-monnaie de l'époque.

Lors de ce voyage, j'avais choisi de dormir à l'hôtel de la gare centrale, plus facile en temps de couvre-feu où chacun surveillait l'autre. Plus simple de prendre un train vers une autre destination en cas d'échauffourées en ville, car les manifestations étaient journalières et toutes les rues et avenues fermées à la circulation par des barrières anti-émeutes, herses et barbelés.

Par une belle journée ensoleillée dans Rangoon avec la visite au quotidien de la pagode Shwedagon, j'en oubliais un peu l'horaire et rentrais tard à mon hôtel, le couvre-feu pratiquement en place et la faute à des transports locaux parfois invisibles.

J'étais sur la Sule Pagoda Road à pied et me dépêchais de franchir le pont au-dessus de la voie de chemin de fer près de la gare, lorsque je vis les camions militaires prendre place aux carrefours stratégiques de la ville. Bruits de moteurs qui tournent, bruits de bottes, quelques ordres qui fusent et moi dans des rues désertes à quelques centaines de mètres de l'hôtel de la gare. Ne pas se cacher surtout, cela prouverait que j'ai quelque chose à me reprocher, faire comme si tout était normal dans une ambiance de loi martiale, d'occupation étrangère. Marcher d'un bon pas mais surtout ne pas s'affoler et s'attendre à se faire arrêter, ce qui n'a bien sûr pas manqué dans les secondes qui ont suivi.

Un étranger dans les rues de Rangoon, le couvre-feu en place, impensable ! De 1985 à 1988 il n'y avait pratiquement plus un touriste en Birmanie, sauf Pagan et le lac Inle, mais vraiment au compte-goutte.

Tout comme Meiktila des années auparavant, je me suis fait houspiller sèchement. Sans autre forme de procès l'on m'a fait monter dans un camion, vérifié mon identité, demandé à quel hôtel je séjournais. Cependant au lieu d'aller au poste de police, direction mon hôtel tout proche où l'on m'a accompagné jusqu'à ma chambre avec interdiction de sortir, interdiction de parler avec qui que ce soit, interdiction de fermer la porte à clef. Le personnel de l'hôtel étant chargé de me contrôler à n'importe quelle heure du jour ou de la nuit. Cela a duré trois jours où je n'avais aucun droit de sortie. Je ne pouvais déjeuner et dîner que dans ma chambre en commandant à l'avance lors des inspections. La matrone de la réception avait l'œil sur toutes choses.

J'ai vite compris pourquoi l'on m'interdisait de sortir pendant ces trois jours. La nuit, d'une des fenêtres de ma chambre qui donnait sur les quais de la gare, j'ai vu des centaines de prisonniers, mains et pieds enchaînés, tous habillés de blanc « toile de sac », monter dans des wagons à bestiaux vers une destination inconnue. Il n'y avait pas d'heure pour les départs et cela a duré deux nuits consécutives, jamais le jour.

Les arrestations allaient bon train à cette époque dans le milieu étudiant et le clergé. Les jeunes moines défiaient au jour le jour le pouvoir en place, tous adhérents convaincus de la Ligue nationale pour la démocratie (LND) de l'icône Aung San Suu Kyi.

Le troisième jour l'on m'a dit que tout était OK, que je pouvais sortir. À la réception j'ai revu la matrone, j'ai payé ma chambre et mes repas. Ambiance tendue où je voulais lui envoyer par la figure la note de l'hôtel, mais elle était comme les autres, une pauvre femme. Un otage du pouvoir, aux ordres je le suppose, ou sinon quelqu'un de sa famille en pâtirait, serait bon pour l'armée dans les zones dites difficiles et à risques. C'était ça la Birmanie pour le peuple, tout le peuple, pas que pour les ennemis de la nation. Une nation entière était prisonnière et ne pouvait s'exprimer.

New Pagan

Aye Twin en tant qu'ami m'a fait découvrir nombre de temples oubliés dans la campagne de Pagan. Le soir, alors que tout le monde rentrait au village, j'ai quelques fois laissé ma bicyclette le long des murs de briques du grand temple Dhammayangyi et grimpé les escaliers sombres vers le sommet. Couvert d'un *longyi*, je passais les plus belles nuits à la belle étoile sur la brique chaude avec devant les yeux le spectacle des majestueux couchers et levers de soleil, seul. Cela restera pour toujours ancré dans ma mémoire.

Quelques années plus tard, le comité archéologique fermera à jamais l'accès des étages supérieurs pour le voyageur birman ou l'étranger de passage, par mesure de protection des temples et pour éviter des accidents dans les escaliers sombres et pentus et des éboulements possibles.

Le jour, à bicyclette, avec des arrêts fréquents proches de petits pagodons au milieu de nulle part, je trouvais parfois dans les ruines des morceaux de terracottas à l'effigie du bouddha. Les bouddhas eux-mêmes étaient troués au niveau du nombril par les pillards encore nombreux dans les années quatre-vingt, en quête d'effigies d'or encastrées dans un compartiment secret. J'en ai surpris quelques-uns lors de mes balades sur deux roues au soleil levant entre les villages de Minnanthu et Bwasaw. Si Pierre Pichard avait été là, je lui aurais volontiers rendu service pour corriger ces pilleurs de temples.

Pagan c'est aussi l'Irrawaddy, les berges de ce fleuve, la

surface de l'eau qui s'embrase au soleil couchant et le villageois avec sa charrette tirée par des bœufs qui remplit l'immense tonneau d'eau à distribuer dans son quartier. Quel spectacle depuis le grand monastère de Old Pagan que de contempler les ors et les pourpres du soleil couchant teintant les eaux de la cité divine ! Les moinillons, études et nettoyage terminés au monastère, ont le droit de récréation comme tous les enfants du village, pour profiter de ces instants magiques.

Le lendemain matin dès six heures, ils embarqueront dans l'antique camion Bedford pour quêter leur nourriture à New Pagan quelques kilomètres plus loin, et partager ensuite leur repas avec tous les autres moines du quartier et le *sayadaw* (moine supérieur), dans ce superbe monastère en vieux teck poli par les siècles.

À chacune de mes visites à Pagan, tel un pèlerinage, il ne s'est pas passé une fois sans que je n'accomplisse avec les moines le trajet, à pied tout d'abord dans l'antique cité de Pagan, puis à bord du Bedford anglais, relique des temps coloniaux, réparé des dizaines de fois mais toujours en état de marche. Une légende !

Jusque dans les années quatre-vingt, le village de Pagan était à l'intérieur du site archéologique, là où avait été construit le palais royal d'Anawratha, au milieu de centaines de pagodes et stupas de tous styles. Il n'était pas rare à cette époque, pour le paysan ou le villageois, en piochant son terrain au milieu des ruines ou lors d'une construction, de tomber sur des reliques de l'ancien temps : pots décorés, statues anciennes, terracottas, bouddhas ou parties de bouddha, briques d'anciens murs de soutènement de l'ancien palais royal ou de temples détruits et, beaucoup plus intéressant, des pierres précieuses.

La nouvelle se divulguant rapidement, l'on assista alors à une « ruée vers l'or » entre 1980 et 1990 où chaque villageois se mit à creuser dans son jardin en profondeur. D'où les énormes tas de gravats çà et là qui attirèrent la curiosité des autorités. Certains furent chanceux et trouvèrent rubis, statuettes, qu'ils revendirent au plus vite aux touristes ou antiquaires de crainte de confiscation par les autorités.

Au niveau des fouilles archéologiques, les chercheurs locaux héritant d'un paysage lunaire ont définitivement perdu des sources de renseignements fondamentales pour la compréhension du fonctionnement de la ville impériale de Pagan. Ces fouilles anarchiques ont cependant permis de localiser des puits asséchés et des fours ayant servi à la production des terracottas vertes qui ornent les grandes pagodes de Pagan. Aussi le département de conservation des antiquités et le musée archéologique décidèrent d'interdire de telles pratiques dans le sol du village, les contrevenants s'exposant à de lourdes peines de prison et confiscation de leurs biens.

Dès 1990, le gouvernement décida que le village de Pagan serait déplacé au sud de l'antique cité sans monuments aucuns, les habitants n'ayant que quelques mois pour dégager maisons et affaires courantes et s'installer sur une grande terre aride que le gouvernement mettait à leur disposition, terrain payant et sans compensation aucune. Aucune manifestation ou faire-valoir n'étaient tolérés. En clair, un gros village de deux mille personnes, les vrais descendants des habitants du Pagan médiéval, devaient plier bagage manu militari. Ce départ précipité eut pour résultat de briser des liens sociaux et des traditions ancestrales liés au territoire de la ville.

Mais de ce jour, le site de Pagan retrouvait plus de calme. Seuls les temples et monastères, et quelques hôtels de classe supérieure au bord de l'Irrawaddy, bons pour les rentrées de devises, échappaient à la purge.

Mon copain Aye Twin avait sa maison à l'intérieur de l'antique Pagan avec son petit restaurant. Il savait depuis quelques temps qu'il allait devoir plier bagage. Il avait de la famille près de la pagode Shwezigon à Nyaung U, aussi il établit ses quartiers là-bas quelques années avant d'être forcé d'aller à New Pagan.

Je ne vous dis pas la rancœur du peuple de devoir tout laisser, perdre la terre de ses aïeux, son travail, et être propulsé vers une terre où ne poussaient que des épineux et où au départ il n'y avait pratiquement pas d'eau.

Je revois les gens démontant leurs maisons de bois, entasser tout cela sur des charrettes et voyager au pas lent des zébus sur les chemins de sable entre les stupas et pagodes. J'étais un témoin de l'histoire inachevée de Pagan, j'imaginais la scène dix siècles en arrière.

Très vite, les plus fortunés commencèrent à acheter de grands terrains aux prix demandés par le gouvernement et construisirent des maisons en dur, celles-là que l'on retrouve sur la rue principale de New Pagan aujourd'hui. Les autres, dans les ruelles adjacentes, vivent toujours dans les maisonnées de bois, reformant l'antique Pagan.

Les Birmans sont industrieux et très vite de petites maisons d'hôtes firent leur apparition pour les voyageurs de passage ne pouvant ou ne voulant pas payer le prix fort des hôtels, comme le Thiripyitsaya sur les bords du fleuve. Aujourd'hui New Pagan est un nouveau poumon commercial où les ateliers de fabrication de laque, maisons d'hôtes prolifèrent à très grande vitesse.

Aye Twin a reconstruit son restaurant Aye Yake Thar Yar à New Pagan. Avec un peu d'argent il a acheté sa terre et s'est toujours rappelé le jour où je lui tendais dans sa maison de bois du vieux Pagan la somme de mille dollars pour l'aider à s'en sortir. Une époque où il n'y avait plus de travail, plus de voyageurs à Pagan effrayés par la loi du talion et des brimades des militaires envers le peuple birman. Cet argent il l'a bien employé, en partie à reconstruire sa maison un beau jour de l'année 1985 pour lui et sa famille. Étant célibataire, j'avais du travail en Asie entre Indonésie, Népal et Inde. Je n'avais pas de besoins personnels particuliers si ce n'est ce jour-là que de faire plaisir à un ami qui m'avait beaucoup appris du monde birman et de la cité historique pendant tant d'années.

Lors d'un passage à Pagan en 1990, je suivais Aye Twin un beau matin à bicyclette, le *cheerot* (cigare birman) au coin des lèvres vers un terrain près de New Pagan. Il me regarda radieux et m'annonça : « C'est ton terrain, il est à

43

toi ! ».

Passé la surprise et quelques explications, mon refus fut catégorique car il n'était pas question que j'accepte quoi que ce soit d'un ami comme Aye Twin qui, après avoir vécu de nombreuses années dans une situation économique désastreuse, me fasse ce jour-là un cadeau de ce prix, un terrain à la lisière d'un des plus grands sites archéologiques de la planète !

J'ai souvent repensé aux paroles de Aye Twin, m'offrant un tel cadeau. Je peux supposer qu'il voulait que je reste à Pagan. Ma place était parmi eux car je connaissais trop bien l'endroit et il avait deux filles à marier, lui l'homme aux deux femmes-sœurs.

Montgolfières d'or et d'argent

Avec Ushuaïa au milieu des années quatre-vingt-dix, étaient proposées deux émissions en Birmanie. Facile à dire, difficile à réaliser pour cause de tracasseries gouvernementales insurmontables. Imaginez à une époque où Nicolas Hulot tournait et organisait ses émissions autour d'objets volants que sont ULM, parapente à moteur, montgolfière, hélicoptère... Du charabia pour des militaires birmans qui voyaient des ennemis partout, prenaient les Européens pour de vils impérialistes à la solde de l'Amérique.

Étant logisticien de deux émissions prévues en Birmanie, c'était plutôt un casse-tête, mais à la fois un projet excitant. Connaissant bien le pays et la mentalité des autorités sous les ordres du général Than Shwe, je me réjouissais d'aller à nouveau à Rangoon avec le réalisateur Bernard Guerrini pour un rendez-vous au Ministère de l'Information, là où tout se sait, se décide et s'exécute.

Les bureaux de l'Information étaient plutôt sobres, vieillots, coloniaux. On aurait dit que rien n'avait bougé depuis le départ des Anglais en 1948. J'imaginais aisément la bureaucratie de la couronne britannique en ces lieux ; les « gratte-papiers » à tous les étages faisant semblant de travailler devant des machines à écrire d'un autre âge, ventilateurs au plafond on ne peut plus poussifs et partiellement rongés par la rouille.

On nous introduisit, Bernard et moi, dans une pièce où le vice-ministre de l'Information allait venir dans quelques instants. Apparaissent plusieurs personnes en tenue birmane, *longyi* de rigueur impeccable et chemisette blanche. Les présentations faites, Bernard sort son volumineux dossier et des DVD sur l'émission Ushuaïa que les dirigeants s'empressent de regarder sur la télévision du salon. De toute façon, l'ambassade de Birmanie à Paris a déjà donné ses informations et les quatre personnes présentes regardent les documentaires en langue anglaise sur le style de l'émission, quelques scènes vues du ciel, et s'attardent sur la personnalité du présentateur, les peuples montrés.

Remerciements polis, ils embarquent les DVD et le dossier où figurent dates, équipe et équipement, lieux de tournage, lettres de la société de production et de la chaîne de diffusion.

Avec Bernard venu de Paris et moi de Bali pour l'occasion, on reste plutôt sur notre faim, mais pas moyen d'en savoir plus. Nous avons de toute façon une autre mission, celle de repérer les sites prévus, trouver les fils rouges de l'émission et rencontrer les personnages clés à l'organisation d'un nouveau documentaire Ushuaïa. Pagan et le lac Inle étaient les deux fils conducteurs des plateaux. Les sujets à prévoir, si possible, dans le pays.

Après quinze jours de repérage, Bernard rentrait convaincu d'un excellent documentaire en Birmanie. La diplomatie devait faire le reste.

Rentré sur Bali, il ne se passa pas un mois que je reçus un fax du gouvernement birman m'invitant, en personne, à une entrevue avec une personnalité de l'Information et le directeur général du Ministère du Tourisme. J'appelle Pascal Anciaux le directeur de production, ainsi que Bernard le réalisateur, qui me donnent le feu vert pour peaufiner cette entrevue. L'émission Ushuaïa semble plaire dans les hautes sphères.

Me voilà de nouveau dans la capitale birmane. Rendez-vous le lendemain à neuf heures dans un bureau très quelconque du Ministère du Tourisme où le troisième secrétaire de l'Information arrive avec près de deux heures de retard. J'aurais parié cent dollars à ce moment-là que l'on me surveillait en caméra cachée pour voir mon comportement.

Je vois débarquer un petit homme bedonnant, accompagné d'une splendide birmane qui servira de traductrice. À la vue de cet homme trop quelconque, membre du politburo birman, assurément déposé sur son siège par les grâces de la famille d'un grand général, je me suis demandé ce qui allait bien ressortir de notre conversation. Lui, regardant la beauté birmane qui me traduisait ; elle, me regardant et traduisant ce que je répondais, sans aucun regard de l'officiel à mon encontre. Étonnant et déstabilisant au premier abord. On ne peut être plus malpoli. En clair ceci donnait cela :

-   Le troisième secrétaire via la traductrice : « Son excellence vous demande pourquoi vous voulez filmer en Birmanie, qu'est-ce qui vous intéresse ici ? ».

- Ma réponse à la traductrice (car je n'avais pas le droit de regarder le troisième secrétaire) : « Vous répondrez à son excellence que la France est un pays ami de la Birmanie de par son histoire, et que de nombreux touristes français se rendent à Pagan, Mandalay et au lac Inle chaque année. Tous ces sites sont des trésors de votre pays et les Français ont un regard ouvert sur le bouddhisme. »

La jeune fille traduisait tout cela au troisième secrétaire par des mots rapides et saccadés, le visage inexpressif du gradé écoutant poliment.

Ainsi de suite pendant près d'un quart d'heure l'interview se déroulait d'un ton condescendant, des questions futiles mais où chaque mot de ma part devait être pesé. Le troisième secrétaire, comme tout bon Birman, mâche le bétel et crache dans une poubelle à côté de lui, alors que cette réunion a un caractère beaucoup plus diplomatique que ce qu'elle en a l'air…

Las soudainement, le troisième secrétaire arrête la conversation. Il semble pressé de partir, ne me regarde même pas, pas de poignée de main. Je ne connais pas son nom et la traductrice me dirige vers le bureau du chef du Ministère du Tourisme à l'étage supérieur. C'est autre chose, enfin.

J'ai devant moi un bel homme, élancé au sourire vrai, U Tin Pe. Son second U Hla Kyi est gentil, ouvert. On m'offre de l'eau, du thé vert accompagné de succulentes petites boulettes de sucre candy, des cigarettes et la traditionnelle petite coupelle où macèrent feuilles de thé et cacahuètes pilées. Je peux enfin parler, parler télévision, parler de mon expérience birmane et de l'excellence de mon correspondant local à Rangoon depuis de nombreuses années.

U Tin Pe me dit que le gouvernement birman est positif sur notre dossier, les sites proposés au tournage des plateaux que sont Pagan et le lac Inle une bonne promotion pour le pays. De plus, la France est le premier pays européen en nombre de voyageurs à visiter la Birmanie, et la diffusion de ce documentaire sur les beautés naturelles du pays, une belle vitrine extérieure. Mais il faudra patienter pour la signature des autorisations. L'on me tiendra au courant personnellement par fax, et par lettre à la production Ushuaïa via l'ambassade à Paris.

Je ressors de cette entrevue serein, aurais bien revu la jolie traductrice pour lui payer un verre au bar du Strand hôtel. Je saute dans un taxi et roule vers Lanmadaw à l'agence Golden Express où je tiens à remercier son président U Tint Naung pour son soutien, ses bonnes relations avec certains membres du comité birman des affaires intérieures. Le jour J, Golden Express aura un bon dossier à gérer.

Quelques mois plus tard, le tournage venu, un officier nous attendait à l'aéroport Mingaladon. Dans ces années-là, la vie était austère à Rangoon mais il n'y avait pas de couvre-feu à notre arrivée. Normal direz-vous, sinon aucune autorisation de tournage n'était possible.

Notre QG ce soir-là est l'hôtel Nawarat proche de

l'aéroport car le lendemain, tôt, direction Pagan pour toute l'équipe Ushuaïa, une vingtaine de personnes. Ensuite et d'après les accords passés avec le gouvernement birman, Nicolas Hulot, le réalisateur Bernard Guerrini et un caméraman monteraient directement à bord d'un hélicoptère pour un survol de la région de Pagan. Chance inouïe que d'obtenir un tel privilège dans l'un des pays les plus fermés de la planète.

À l'hôtel Nawarat l'ambiance de l'équipe est joyeuse, la *Mandalay beer* bien fraîche et les serveuses du restaurant nous dévorent des yeux. Nicolas est parti se coucher tôt, préparer, relire ses textes du lendemain. L'équipe suit vers vingt-deux heures.

Minuit, la sonnerie du téléphone de ma chambre me fait sursauter, le standardiste explique que quelqu'un veut me parler. U Hla Kyi, le premier assistant du ministère du tourisme, d'un ton rapide mais posé, veut me voir immédiatement. Il me donne rendez-vous au numéro 21 de Sule Pagoda Road, quelqu'un nous attend à l'entrée. Pas le temps de dire ouf ! Je dois me réveiller au plus vite. Je saute du lit, appelle Guillaume le régisseur général dont la chambre est mitoyenne à la mienne, et qui me répond d'emblée que l'on ne devrait pas y aller, c'est peut-être un piège. Personnellement je ne pense pas que ce soit un traquenard, je connais U Hla Kyi, il est sincère dans ses discussions, pas comme le tordu de troisième secrétaire. On doit y aller, savoir de quoi il s'agit et ne pas réveiller l'équipe pour le moment.

Nous sautons dans la voiture de Golden Express dont je

réveille le chauffeur endormi sur son siège, et roulons dans la nuit étoilée. Les rues sont désertes, on ne se croirait pas dans la capitale du pays. Quinze minutes plus tard, au 21 de ladite rue, une personne nous attend devant une porte ouverte aux couloirs sombres comme il est coutumier à Rangoon. À cette époque, peu de lumières en ville si ce n'est le magnifique stupa doré à la feuille d'or de la pagode Sule ou, plus loin, la Shwedagon qui elle brille de mille feux dans la nuit. L'homme nous conduit vers un escalier qui descend dans une cave on ne peut plus sombre et sinistre où nous attend U Hla Kyi, seul. Il est près d'une heure du matin, la tension se fait palpable. U Hla Kyi est calme.

Pourquoi nous donner rendez-vous ici alors que par téléphone ce serait si simple ?

Pour moi oui, pour lui non, car tous les murs ou les téléphones ont des oreilles en Birmanie.

U Hla Kyi ne peut rester longtemps, cet immeuble appartient à des membres de sa famille, mais il doit rapidement rentrer chez lui.

« Le survol en hélicoptère prévu pour demain matin à neuf heures sur Pagan n'est pas autorisé, tout est annulé par le commandant en chef de la base aérienne de Meiktila. Je devais vous avertir immédiatement pour éviter des discussions ultérieures inutiles, ne rien prévoir d'autre que le site de Pagan ».

Sur ce, nous nous quittons dans une atmosphère de série SAS, immeuble crasseux, cave nauséabonde, vice-directeur politique birman en état inhabituel, la nuit dans

Rangoon la déserte. Guillaume et moi-même sommes devant une équation à résoudre avant le lever de l'équipe dans un peu plus de deux heures. L'avion de Pagan est prévu à six heures du matin.

Transfert du matériel dans les bus, près de sept cents kilogrammes d'équipement. Avec Guillaume nous n'avons pas vraiment dormi cette nuit-là, et je repense aux dernières paroles d'U Hla Kyi dans la cave me disant qu'il ne nous a pas rencontré, pas parlé. La langue de bois !

Au petit déjeuner, la première chose à faire quand l'on fait partie d'Ushuaïa est de laisser l'équipe prendre son café, ensuite on cause. C'est Guillaume qui va annoncer la nouvelle à Nicolas : pas d'hélicoptère ce matin, ni les autres jours, ordre du Ministère des Armées. À l'énoncé du problème et de notre équipée nocturne dans Rangoon, Nicolas écoute sans mot dire, fait silence, et d'un seul coup éclate d'un fou rire qui devient général en quelques secondes. En fait, il n'est pas surpris de la tournure des évènements et convient que cela n'était pas évident dès le départ, avec un tel pays il ne fallait pas s'attendre à un déroulement de tapis rouge.

Mais voilà, sur la route d'Ushuaïa il y avait Pagan et ses beautés immortelles. Tout le monde allait très vite oublier l'hélicoptère.

L'hôtel Golden Express, notre quartier général, se trouvait à l'intérieur du site de Pagan, proche des temples. La surprise du chef était les deux montgolfières immenses, l'une couleur or et l'autre argent, sorties des caisses de matériel qui allaient être pendant un temps le transport local de Nicolas sur le site de Pagan. Faire découvrir aux téléspectateurs français les beautés fantastiques de ce site hors du commun, vu du ciel, ce qui n'avait jamais été fait jusqu'alors par des Birmans ou des étrangers. En fait la montgolfière était quelque chose d'inconnu dans le pays. La vue de ces deux immenses ballons, surtout celui couleur or, fut le clou du tournage. L'on m'en parle toujours, vingt ans après.

Nous avions les mains entièrement libres, pas de militaires pour nous surveiller ici, juste un officiel venu de Rangoon dont le salaire était d'un dollar par jour. J'ai oublié son nom, qu'il me pardonne, mais c'était un gars super. À la fin du tournage, le billet de cent dollars posé dans sa main pour bons services rendus à toute l'équipe sur la dizaine de jours à Pagan, restera je l'espère un excellent souvenir et un salaire équitable. Le bonhomme nous avait sacrément aidé à transporter le matériel et souvent discuté de quelques petits détails avec les locaux.

Le site de montage des deux montgolfières était à quelques encablures du vieux monastère, près des douves de l'ancien palais royal. Les moinillons séchaient les cours religieux pour nous aider à porter et préparer la voilure lors de son gonflement à l'hélium. Ils étaient tous comme des fous, à crier, gesticuler dans tous les sens à la vue de cet immense ballon couleur or qui se déployait dans le ciel. Incrédules lorsqu'ils voyaient Nicolas harnaché solidement sous l'immense masse se laisser emporter par le vent et le son inquiétant des brûleurs, les flammes à l'intérieur de la voilure. Tout cela plaisait beaucoup à tout le monde, les moines, les habitants de Pagan et toute l'équipe Ushuaïa.

Dans ces moments-là, les gens venaient nombreux nous remercier de leur donner du plaisir. La vue du ballon or, surtout celui-là, une invitation supplémentaire à faire des offrandes de guirlandes de fleurs au bouddha de la compassion, dans les pagodes.

Pendant plusieurs jours, les survols ont été nombreux au-dessus du site de Pagan et du fleuve Irrawaddy. Une partie de l'équipe suivait les trajectoires des deux montgolfières, l'autre équipe faisait des images au sol sur les temples de Pagan et Minnanthu.

Après notre passage, l'année suivante, un mini-festival de montgolfières voyait le jour à Taunggyi en territoire shan. Je fus invité pour l'occasion par l'agence Golden Express qui patronnait cet évènement. Je n'ai pu m'y rendre, mais il est clair que notre passage en Birmanie a eu des répercussions inattendues sur les gouvernements locaux et le peuple, à qui l'on donnait une nouvelle occasion de créer un festival parmi les dizaines de fêtes de pagodes du calendrier bouddhiste.

Je me suis souvent entendu dire à cette époque qu'il ne fallait pas aller en Birmanie pour ne pas cautionner le régime militaire en place, faire gagner de l'argent en prenant l'avion ou le train appartenant aux militaires. Même Aung San Suu Kyi avait, de sa résidence surveillée d'University Avenue à Rangoon, déclaré un beau jour que les étrangers devaient boycotter le pays, ne pas être les complices d'un régime sanguinaire qui ne respectait pas son peuple. Je comprends aisément ses paroles, je me rappelle les années d'avant et d'après 1988 dans le pays, mais il était impensable pour moi de ne pas venir en Birmanie, rencontrer les gens, les aider en leur achetant des laques comme à Pagan, et dormir dans leurs maisons d'hôtes. Ou revoir plus simplement les amis qui comptaient beaucoup sur moi pour leur redonner le sourire et des informations de l'étranger.

Chaque Birman à ce sujet écoutait régulièrement en cachette, le soir, les nouvelles sur la BBC, pour savoir ce qui se disait sur son pays à l'étranger.

Mille fois j'ai été remercié de ne pas les oublier. Ne pas venir les voir était comme une porte de maison d'arrêt qui se ferme et dont on ne sait ce qu'il se passe à l'intérieur. Aung San Suu Kyi elle-même ne pouvait m'empêcher de venir voyager dans l'un des plus beaux pays d'Asie, son pays, la Birmanie.

Quant à Ushuaïa, venir en Birmanie, aller au Tibet ou encore en Papouasie montrer la vie, faisait partie intégrante du rôle d'information d'une émission à grand public en France sur les beautés naturelles de notre planète et les hommes qui y vivent, fussent-ils dans des zones sensibles politiquement.

Après certaines émissions, beaucoup de personnes m'ont dit merci de leur avoir fait partager des secrets de pays, des coins interdits ou inexplorés, juste par la beauté de l'image. En tant que logisticien, je suis personnellement heureux d'avoir apporté du plaisir aux peuples rencontrés. À Pagan, nous étions là pour la « cité de cristal » et son âge d'or des bâtisseurs, une rencontre étonnante avec le bouddhisme, et non pas pour les beaux yeux « en forme de biche » de l'épouse du général Than Shwe.

Pagan reste l'un des endroits les plus extraordinaires de la planète, îlot de lumière sur le monde, un site universel d'une infinie sérénité.

Les fils du lac

Après le succès de l'expédition Pagan, l'équipe Ushuaïa continuait dans la foulée sa route birmane avec un deuxième plateau en territoire shan, sur le lac Inle. Terre de l'eau, car le peuple qui habite sur le lac, les Inthas, a su habilement utiliser les boues et mousses aquatiques pour construire les plus beaux jardins flottants de la planète et d'immenses maisons sur pilotis à même les eaux. Certes, le lac n'est pas profond mais c'est un petit exploit que de voir villages et monastères bouddhistes émerger au-dessus des eaux limpides et des immenses jardins flottants où poussent de magnifiques légumes.

La route de Pagan vers Nyaungshwe commence doucement à grimper, passé la petite ville de Thazi ; des centaines de virages et de nombreux petits sanctuaires religieux où le chauffeur peut pénétrer avec sa voiture, allumer ses feux et donner un petit coup de klaxon devant le divin pour en ressortir bénit, à l'abri de quelque accident, malheureusement nombreux dans cette région. Le chauffeur en profite pour laisser un billet de cinq kyats à la personne de service.

Avec Bernard Guerrini, en avant-programme des plateaux Ushuaïa, il fallait tourner des sujets. Sur le lac Inle nous avions assisté au festival de Phaungdoo-U où des milliers de personnes des huit villages les plus importants sur le pourtour du lac, viennent suivre la procession des cinq bouddhas d'or que l'on promène une fois l'an à bord d'un immense Karaweik (monture traditionnelle du dieu hindou Vishnou), une barge royale délicatement décorée et gardée par des militaires en armes.

Journée prolifique avec courses de longues pirogues où plus de cinquante rameurs se mesurent l'espace d'une matinée. Nous avions eu l'autorisation de monter à bord de l'une de ces pirogues de course pour filmer. Spectacle total vu de l'intérieur, ces hommes ramant debout sur une jambe, la pagaie enroulée autour du genou donnant au spectacle un rythme inconnu, faisant penser à un mille-pattes.

Les jardins flottants du lac Inle sont parmi les plus beaux au monde, c'est une certitude. Le lac est très poissonneux, les hommes attrapent ces poissons à l'aide de longues nasses, debout sur leur barque plate, sur une seule jambe. Ailleurs, les cultivateurs découpent des bandes de terre proches des berges pour les emporter, les tirer vers un lieu de culture aquatique. D'autres ramassent les algues qui serviront d'humus, de terreau pour les cultures, ou récoltent les boues du fond du lac pour construire le jardin flottant. C'est un travail de fourmi, difficile et demande une énergie continuelle au quotidien mais qui, au final, produit d'excellents légumes comme tomates et courgettes.

Il est certain que les habitants du lac Inle, en dehors de leurs maisons sur pilotis, passent les trois quarts de leurs journées sur l'eau. Les Inthas sont le peuple lacustre le plus intéressant qu'il m'ait été donné de rencontrer en Asie. Sur les collines dominant le lac, les marchés ethniques du peuple Palaung sont magnifiques dans les brumes du petit matin.

Je connais un homme merveilleux au lac Inle. Il s'appelle U Kon Dala, moine supérieur du monastère de Hiwatit, proche du village de Nyaungshwe. Un personnage particulier car, à la venue d'un étranger, il s'emballe carrément en répétant à tue-tête : *ululuh-ululuh* ! sorte d'admiration, contentement de la personne rencontrée chez lui dans son monastère de bois.

U Kon Dala est admirateur du général de Lattre de Tassigny et du général de Gaulle. Ça commence à dater tout ça, mais il a toujours été intéressé par l'histoire de France, les rois de France et la Seconde Guerre mondiale qu'il a vécu en partie dans son village sous l'occupation japonaise. Il est admirateur de la politique du général de Gaulle, mais aussi grand collectionneur de réveils qu'il reçoit régulièrement de ses administrés et de mes passages dans son village. Il en a des dizaines et sait parfaitement de qui est celui-ci ou celui-là. Le deuxième *biku*, moine malheureusement décédé aujourd'hui, était un personnage lui aussi spécial, à la bouille rigolote, que j'appelais affectueusement Mr Spoke car ses oreilles étaient la copie conforme de la star du petit écran en son temps. Ces deux moines sont des légendes que le peuple de la région affectionne et adule tout particulièrement.

Nicolas Hulot était allé les voir, non pas en pirogue comme tout un chacun, mais monté sur un buffle d'eau à la taille impressionnante, ce qui fit énormément rire U Kon Dala qui n'a jamais oublié. J'ai moi-même utilisé ce mode de transport au lac Inle en d'autres temps, et je me rappelle avoir eu les fesses piquetées de rougeurs pendant une bonne semaine, car les poils de dos du buffle shan sont durs comme les poils d'éléphant, avec en prime les poux d'animaux mi-aquatiques, mi-terrestres.

Ushuaïa établit ses quartiers à l'hôtel Golden Express, l'autre demeure de Mr Tint Naung. C'est une maisonnée de bois simple mais propre et un excellent camp de base pour aller chaque jour sur le lac pour les séquences à filmer. On refait le coup des deux montgolfières, gonflées directement sur le terre-plein d'un monastère en plein milieu du lac. Le moine principal nous en a donné l'autorisation moyennant offrandes à la pagode locale.

Sur le lac Inle pas de routes, tout se fait en pirogue. Pour les déplacements de l'équipe terrestre qui suit les deux montgolfières et filme du bas, ce n'est pas si simple avec tous ces jardins flottants. Ce qui devait arriver arriva : lors de la redescente, la montgolfière de Nicolas n'a pu se poser sur un terrain au sec et a fini son vol dans le lac, heureusement peu profond à cet endroit. Attaché et sous l'eau par instants, il ne fallait pas qu'il reste trop longtemps dans cette position. Guillaume fut le premier sur les lieux, sauta à l'eau pour l'aider à se dégager et essayer au maximum de protéger le matériel, surtout les mini-caméras embarquées. Plus de peur que de mal, l'homme est en parfaite santé et son équipement en parfait état.

Il n'est jamais aisé de faire de la montgolfière au-dessus d'un lac, encore moins de s'y poser. Au regard de ce qui s'est passé, il est admirable après tant d'années de voir que Nicolas Hulot, qui a vécu des aventures comme personne, puisse se targuer d'être toujours sorti intact de ses missions.

Au retour en France et suite à la présentation à TF1 des deux émissions Birmanie, il n'y eut point de remarques déplacées de quelconques opposants ou journalistes. L'homme Nicolas Hulot a bien les pieds sur terre et lutte avec ses mots pour une meilleure protection de la planète. La Birmanie a laissé sur lui des traces profondes par les sites grandioses visités, la gentillesse des gens ainsi qu'un bouddhisme omniprésent.

Après la fin du tournage de ces deux séquences birmanes, je me devais personnellement de savoir pourquoi l'hélicoptère fut annulé à la base de Meiktila. La question devait être résolue par U Hla Kyi lui-même, ce que je lui demandais plusieurs années après, en me rendant chez lui directement à Rangoon.

Il était à la retraite car en Birmanie, on ne reste en général pas plus de deux ans au même poste. Histoire de ne pas laisser s'installer de mauvaises habitudes, contraires à la ligne de conduite. U Hla Kyi me reçut simplement mais affectueusement car les souvenirs revenaient à la surface du 21, Sule Pagoda Road, un certain soir de 1997.

Devant un thé vert et quelques sucreries, sa femme à ses côtés, il me dit en quelques mots que les hélicoptères de l'armée basés à Meiktila étaient ce jour-là en route vers le sud du territoire karenni, proche de la frontière thaïlandaise, et avaient pour mission de mitrailler le quartier général des forces karenni à Manerplaw.

On ne peut donner explication plus claire et, somme

toute, on aurait pu grâce à notre émission éviter des bombes incendiaires sur des villages innocents, ce qu'ils auraient sans doute remis au lendemain…

Le royaume des Nats

La légende de monsieur « Belle Apparence » et de madame « Face d'Or »

Il est en Birmanie une légende plus populaire encore que celle des quatre principes premiers du Bouddha. C'est celle de Min Maha Giri, le Seigneur de la grande montagne, que tout enfant connait avant même d'avoir appris et récité les textes sacrés des tripitakas, la bible bouddhiste, assis sur une natte dans un monastère.

C'est l'histoire du premier dieu des Birmans dont le culte se porte aussi bien que celui de Bouddha. Un inextricable mélange d'idolâtrie païenne et de doctrine bouddhique dont est encore faite aujourd'hui la vie religieuse des Birmans.

Dans les premiers siècles de notre ère, longtemps avant que le roi Anawrahta fît apparaitre au XIe siècle la Birmanie à la lumière de l'histoire en bâtissant le royaume de Pagan, toute la vallée de l'Irrawaddy était habitée de petites principautés qui ne regroupaient souvent que quelques villages, à l'image des princes thakurs de l'Inde féodale.

L'un de ces princes résidait dans le village fortifié de Tagaung où vivait aussi un jeune forgeron, Maung Tin De, si adroit et si fort que sa réputation portait ombrage à celle du prince. Celui-ci ordonna sa mort, mais le jeune forgeron réussit à s'enfuir dans la forêt, à la grande fureur du prince.

Maung Tin avait une sœur restée au village, d'une beauté absolue. Le prince, dans sa ruse de faire revenir le jeune garçon au village, la prit pour épouse et déclara qu'à partir de ce jour Maung Tin et lui le prince, étaient frères. Il pouvait revenir au village, grand bien lui serait fait.

Sans crainte de son devenir, Maung Tin fut capturé dès son entrée au village par des centaines de soldats qui l'attachèrent à un arbre. Il fut brûlé vif sous les yeux de sa sœur qui se jeta dans le brasier pour le sauver, mais ne put que mourir avec lui.

La joie du prince fut de courte durée. Il s'avéra très vite que l'arbre du sacrifice du frère et de la sœur provoquait la mort de tous ceux, hommes et animaux, qui s'en approchaient. Aussi le prince le fit-il abattre et jeter dans le fleuve. À la dérive il atteignit la cité de Thiripyitsaya où son histoire s'était déjà répandue dans le royaume. Le roi était justement à la recherche de divinités tutélaires pour sa nouvelle capitale, qui allait devenir des siècles plus tard la cité impériale de Pagan, occasion parfaite pour établir un nouveau culte commun à tous.

Le roi fit sculpter dans le bois de l'arbre les images du forgeron et de sa sœur, les recouvrit d'or et escorta les nouveaux génies jusqu'au sommet d'un dyke de lave sur les pentes du Mont Popa, où avait été préparé un sanctuaire pour l'occasion. Un nouveau culte prit naissance ce jour-là. Tous deux reçurent le titre de « Seigneurs de la grande montagne ». Le culte des Nats était né.

De nos jours dans toute la Birmanie, le culte de ces deux Nats est aussi important et vénéré que l'enseignement du Bouddha. Ils sont devenus les gardiens des maisons, personnifiés sous la forme d'une noix de coco – toujours verte – suspendue à l'un des piliers de l'intérieur de la maison ou déposée sur l'autel familial.

Depuis près de deux cents ans, il existe une liste officielle des trente-sept Nats nationaux, mais on pourrait en recenser des centaines, voire des milliers au gré des particularités locales.

Lorsque l'on parcourt la campagne birmane aujourd'hui, l'on est frappé du nombre de petites niches de bois, parfois à peine plus grandes qu'une boîte aux lettres, accrochées au tronc des arbres, où finissent de se dessécher quelques fruits tropicaux à côté d'une petite coupelle d'eau. En bord de mer, j'ai vu dans la région du Tenasserim un rocher constellé de petits bouts de papier dorés ou argentés, de légumes aussi que la vague emporte au gré de son flux et reflux. Ces offrandes sont pour l'esprit des campagnes et des plaines, des forêts ou des eaux que le peuple cherche à se concilier par des actes appropriés.

Au Mont Popa bat le cœur de la Birmanie. Que l'on arrive de l'ouest, baigné par le cours majestueux de l'Irrawaddy, ou de l'est, où passent la route et le chemin de fer en direction de Mandalay, sa masse imposante et régulière sort des brumes de chaleur et domine l'horizon. De tous temps, les rois et hommes de guerre trouvaient toujours au Mont Popa le secours de quelque moine magicien habile à mettre les dieux dans leur camp et les conduire à la victoire.

Tout au long de la difficile montée de l'infini corridor qui atteint le sommet de la colonne de lave, les sanctuaires à Nats, les niches et les autels sont plus nombreux que n'importe où ailleurs en Birmanie. Les offrandes de fleurs et de fruits, toujours fraîches tant les pèlerinages y sont fréquents, sont gardées par une colonie de singes espiègles, sorte d'armée du singe-roi Hanuman des « Seigneurs de la grande montagne ».

Jamais la présence et le culte vishnouiste n'ont paru aussi proches dans cette Birmanie traditionnelle.

Avec un peu de chance, le voyageur y trouvera même la trace d'un culte plus ancien encore : le culte des cobras. Le Mont Popa est aussi leur royaume, et quelques villageois y pratiquent encore l'art redoutable, mais sacré, du baiser au cobra.

Pour le marcheur que je suis, amoureux de la nature, aller au sommet du volcan Popa et ses 1518 mètres d'altitude, c'est parcourir une forêt de feuillus et de savane sèche vers le sommet, découvrir un immense cratère témoin d'une activité volcanique intense en d'autres temps, et toute la plaine du fleuve Irrawaddy qui serpente vers le sud. Le hasard m'a fait croiser un chat sauvage, cerf ou sanglier en quête de nourriture, m'a permis d'observer oiseaux et superbes papillons endémiques à la région.

Le Mont Popa résume à lui seul deux mille ans de croyances animistes que le clergé bouddhiste a su habilement mélanger à la religion du petit véhicule.

Victoria Point

La traversée du fleuve Irrawaddy prend tout au plus trente minutes sur la frêle embarcation louée au débarcadère du vieux Pagan. C'est plutôt une gondole qui se laisse descendre dans le courant, le batelier contournant les innombrables petits îlots de sable à la saison sèche.

En face, au petit village de Myitche, c'est une petite pagaille de gens qui descendent du bateau, porteurs chargés comme des mules ou marchands de fleurs allant vers quelque village. Et il y a ceux qui déjà essaient de monter à bord sans attendre la voie libre, encombrant on ne peut plus la passerelle composée de deux madriers de bois qui relient le bateau aux bords sablonneux.

Une jeep de l'armée m'attend à quelques encablures, direction le territoire chin nouvellement autorisé par la junte. Nous sommes en 1992, le mont Victoria et ses 3109 mètres d'altitude est le but avoué de ma petite expédition, car j'aime marcher en montagne, contraste frappant avec le plat pays de Pagan. Je veux aussi côtoyer le peuple Chin et croiser le regard des femmes aux visages tatoués.

Encore une belle légende vivante que ces femmes tatouées du territoire chin, dans une Birmanie morcelée qui accepte sans complaisance la différence, qui plus est dans un territoire fermé à l'étranger depuis toujours. J'ai donc encore une fois la chance d'être là et de profiter de l'ouverture d'un territoire pour une durée inconnue dans le temps, avant une possible révolte qui refermera ses portes irrémédiablement.

C'est personnellement cette pointe de sel ajoutée qui rehausse le goût de l'aventure dans ce pays à nul autre pareil en Asie du Sud-Est.

Si l'on y regarde d'un peu plus près, telle qu'elle se présente aujourd'hui, trente pour cent de l'entière population birmane est constituée de minorités. Mais ces trente pour cent occupent la moitié du territoire et la quasi-totalité des frontières terrestres, tant au nord-ouest qu'au nord et à l'est.

De fait, l'interdiction pour l'étranger de pénétrer en Birmanie par voie de terre n'a d'autre raison que l'état de rébellion dans lequel, à des degrés divers, se trouvent la plupart de ces minorités depuis des décennies.

La jeep avance dans un nuage de poussière sur une piste sablonneuse, et nul être à l'horizon. Encore un territoire en dehors du monde où il y a plus de bambous qu'une réelle forêt verdoyante. Dès dix heures du matin, la chaleur implacable noie la végétation dans un halo brumeux, palpable. Quelques postes de contrôles, signes d'un changement de district, et à chaque pont traversé sur des cours d'eau souvent asséchés deux ou trois militaires paraissant désœuvrés, en gardent l'entrée et la sortie. Est-ce la peur d'une embuscade organisée par un mouvement insurrectionnel chin, ou tout simplement un système militaire « machinal » pour tenir une armée à sa solde, à sa botte ?

La grosse bourgade de Mindat apparaît après sept heures de route sans encombre. À Pagan l'on avait bien fait de me conseiller d'emporter boissons et nourriture car nous n'avons pratiquement rien trouvé sur le chemin, que de petites échoppes avec une nourriture douteuse où les mouches faisaient le siège de quelques plats sucrés ou salés.

Mindat, jolie petite ville et son marché quotidien où, dès les premiers instants de balade à pied, l'on se trouve face à une population aux costumes colorés. On rencontre des hommes et des femmes lourdement chargés de hottes en rotin remplies de légumes ou vin de palme moussant. Une impression de déjà vu sur les hauts plateaux d'Asie centrale ou du Sud-Est, du Népal jusqu'au fin fond de l'Indonésie.

Derrière cette façade commune à bien des peuplades rurales, c'est le visage de certaines femmes qui attire l'œil instantanément ; le peuple des femmes au visage tatoué : la femme chin.

Dès la première journée, j'ai observé – sur le marché ou assises devant leur maison – des femmes qui avaient des tatouages en forme de quadrillage horizontal et vertical, ou en forme de toile d'araignée. D'autres avaient le visage piqueté de mille points donnant une allure peu recommandable, d'autres encore de forme géométrique ou artistique avec, comme point d'orgue commun à toutes ces créatures, une énorme pipe mâchouillée à longueur de journée. Ces tatouages divers marquent l'appartenance à un clan comme les Nuchangs ou les Leytus, peuples principaux aux alentours du mont Victoria.

D'aucun disent aussi que ces tatouages qui décorent le visage des femmes chins, en dehors du rassemblement clanique, servaient à enlaidir les jeunes filles de la région, trop facilement kidnappées par des peuplades ennemies venues d'autres régions de la Birmanie, du Bangladesh et de l'Inde tout proches. C'est un système à rapprocher des tribus Apatani de l'Arunachal Pradesh indien, Padaung et Kayah de l'état karenni à l'est du pays.

Après deux journées passées à Mindat à découvrir la vie locale en toute liberté, et sur les conseils du propriétaire de la petite auberge où je résidais, un jeune guide chin me propose un bel itinéraire à pied de Mindat vers Kanpallet avec ascension du mont Victoria. Point de militaire m'accompagnant, point de permis à faire viser par une quelconque autorité. Incontestablement le territoire chin semble en paix avec lui-même, oublié du monde qui l'environne. Il vit dans son sous-développement au contact de ses esprits tutélaires.

La nourriture achetée au marché nous servira pour les repas dans les villages, mais aussi en monnaie d'échange dans les maisons d'hôtes. Nous partons pour une découverte de quatre jours et nuits dans les villages de Ayesakan, sommet du mont Victoria, Taungsakan, pour arriver à Kanpallet dans l'après-midi du quatrième jour.

C'est la saison sèche et le sol de latérite est dur comme du béton. Après plusieurs heures de marche, la plante des pieds commence à souffrir. Dans certaines courbes du chemin des collines menant au village de Ayesakan, le regard est attiré par un amoncellement de petits dolmens posés en rond sous un énorme banian, témoin des rites animistes qui ont longue vie dans les collines chins. Ici le bouddhisme n'a pas vraiment droit de cité ; on opte plutôt pour un anglicanisme de base sur fond de culte des ancêtres.

Population de montagnards appartenant au groupe linguistique tibéto-birman, les Chins sont restés, à l'instar des autres peuplades frontalières, dans une culture animiste très primitive et d'une extrême diversité linguistique. D'un village à l'autre, le dialecte change au détriment d'une véritable unité ethnique. De ce fait les gens voyagent et commercent rarement d'une vallée à l'autre, et restent dans l'oubli.

C'est un fait marquant lorsque l'on séjourne dans un village, comme ici à Ayesakan où chacun me regarde d'un air étonné mais sans cette joie communicative de voir un étranger pour la première fois. Ma curiosité est récompensée car je peux constater qu'à Ayesakan les visages tatoués se comptent par dizaines, jusqu'à certaines jeunes filles qui ne doivent pas avoir plus de quinze ans.

Les Chins sont aimables car en un tour de main mon guide déniche une petite maison sur pilotis pour nous accueillir. Les deux enfants ne disent rien à mon approche, leur mère ouvre grand ses yeux chargés de surprise et n'ose bouger, tandis que le chef de famille nous offre une natte pour nous reposer. En guise de paiement nous offrons des victuailles achetées à Pagan, ce qui semble fort contenter nos hôtes. Un système d'échange sympathique, preuve s'il en est que le territoire chin est encore en-dehors des routes commerciales.

L'ascension du mont Victoria est une affaire d'heures et

de résistance physique à la chaleur, avec certaines portions de jungle où il est difficile de se frayer un chemin dans de profondes ravines, et une savane d'herbes sèches vers le sommet qui m'a complètement lacéré les mollets.

Mais au final, la joie de la découverte d'un panorama saisissant où la vue porte très loin sur les collines et plaines du territoire chin, avec le chant mélodieux des oiseaux de fin de jour et une superbe nuit à la belle étoile au contact du silence et de l'immensité. Cette expérience compte énormément pour moi dans ces années de périples divers en terres interdites.

Le territoire chin reste encore aujourd'hui une région très mal connue et peu visitée, jaloux de sa différence et en contact étroit avec ses divinités.

Politique nationale

Sur place, je lisais quotidiennement le seul journal en langue anglaise du pays, *The New Light of Myanmar*, établit en 1914 du temps des Anglais. En première page il y avait toujours la chronique *people's desire*.

Mais plutôt que de voir en ces quelques lignes les aspirations d'un peuple soumis d'avance, c'était davantage un ordre lancé par les autorités au lecteur de ne pas interférer dans les affaires intérieures de l'État. Il en allait de même pour les nations étrangères que l'on se devait de détruire à l'image du bloc néo-colonialiste de l'ouest, en clair le Royaume-Uni et l'Amérique. En voici un bel exemple retrouvé dans mes archives de l'époque :

Meeting expressing the people's sentiments
Wishes of the masses
(Kengtung, Shan State (East) 8-10-98)

* Safeguarding the already-achieved State stability and peace
* Safeguarding the already-achieved progress in the economy and food, clothing and shelter situation of the national people
* Resolutely and expeditiously taking action against internal traitor NLD without showing any leniency, with due consideration of the interests of the 50 million people
* Abolishing the NLD that is conspiring in devious ways in collusion with neo-colonialists to cause stringency in food, clothing and shelter conditions of the people
* Expeditiously removing and getting rid of national traitor NLD that is trying to cause disintegration of the Union and loss of national sovereignty
* Expeditiously deporting Suu Kyi who never has any attachment to Myanmar, who is no longer a Myanmar citizen and who is earning a living doing politics
* Resolutely taking action against Suu Kyi who is getting illegal financial aid and all sorts of assistance from some organizations of foreign countries
* Fighting and crushing NLD group acting as dictated by neo-colonialists, confronting the government head on and trying to incite riots on the streets
* Resolutely taking action and crushing the Gang of Ten, the so-called Hluttaw representative committee, that is lawlessly formed and activated to cause resurgence of anarchy and greatly endanger the State
* Opposing, deterring and crushing all internal and external destructive elements in accord with the four-point People's Desire

La presque totalité de la nation birmane ne croyait pas un mot des diatribes du parti qui jouissait de privilèges immenses à Rangoon la capitale.

À ma première arrivée dans le pays, les billets de banque étaient de cinq, dix, cinquante, cent kyats, et les pièces étaient plutôt carrées que rondes. Les dévaluations étaient régulières et au début on nous obligeait à changer nos dollars dans les bureaux de change de l'aéroport ou au bureau de la *Tourist Burma*. Le taux était au plus bas, quelque chose comme onze ou douze kyats pour un dollar US. En ville, près de la pagode Sule, juste en face du bureau de *Tourist Burma*, les *dealers* indiens ou bengalis échangeaient à plus de cent cinquante ou deux cents kyats. Il ne fallait donc pas changer tous nos dollars à l'arrivée à l'aéroport. Je changeais un billet de dix dollars pour la forme, et le reste dans la rue, ce qui permettait de payer le logement, la nourriture et les transports locaux. Dès que l'on voulait prendre le train ou l'avion, tout se payait en dollars, pas d'autre choix.

À Rangoon il y avait des chauffeurs privés qui pour quelques dollars ou kyats vous emmenaient en voiture vers Pagan ou Mandalay, traversant toute la plaine centrale. C'était un excellent moyen de faire des économies et de voir du pays, la campagne de basse Birmanie, les villages de paysans, et de se faire une bonne idée du style de vie des autochtones. Point de vie autre que celle des champs, pas ou très peu de véhicules sur les routes, les gens marchant à pied ou utilisant d'antiques bicyclettes.

Acheter de l'essence était tout un poème, le chauffeur entrait dans une cour fermée par de hauts murs, pour ne pas être vu de l'extérieur, et le transvasement du fuel du bidon vers le réservoir d'essence était plutôt folklorique.

Achat d'essence au noir, à un tarif prohibitif pour le pays, qui de toute façon rapportait aux mafieux à la solde de la police locale. Tout n'était qu'aventure sur le chemin. En Birmanie, il fallait avoir des yeux à cette époque, regarder les gens vivre et essayer de se projeter un siècle en arrière.

Dévaluation et suppression régulière de la monnaie, nouveaux billets différents en chiffres, de ce fait la population ne pouvait épargner. Le marché noir allait bon train dans ces années-là et il fallait tout dépenser et très vite, sinon poubelle.

Je me souviens d'un changement de monnaie dans les années quatre-vingt où l'on passait à des billets de quinze, vingt-cinq, quarante-cinq, quatre-vingt-dix kyats. Il fallait avoir une calculette pour payer ses notes avec de tels billets, les Birmans eux-mêmes avaient du mal.

À chaque changement de monnaie, les gens devaient tout déclarer au gouvernement pour avoir droit de se faire remplacer les anciens billets (qui ne valaient plus rien) par les nouveaux, eux-mêmes bons pour seulement quelques années ou quelques mois. Mais pour se faire remplacer les anciens billets il fallait devoir expliquer leur provenance, car dans ces années-là le peuple en grande majorité avait un salaire maximum équivalent à dix dollars par mois. Ainsi les milliers de kyats que certains apportaient à changer en toute bonne foi grâce à leur dur labeur et épargne, mais non déclarés, étaient découpés avec des ciseaux avant d'être brûlés, car gagnés en parallèle à l'économie nationale, donc au marché noir, interdit en Birmanie. Il fallait à chaque fois tout recommencer à zéro, la ruine pour beaucoup qui ne pouvaient plus donner à manger à leur famille, payer l'école, et j'en passe…

Dès que l'on avait de l'argent en Birmanie, gagné à la sueur de son front, tout devait être dépensé rapidement pour mieux nourrir sa famille, acheter quelques vêtements ou une bicyclette et ne pas épargner. Ou changer son argent en dollars avec les voyageurs étrangers de passage et le cacher, bien à l'abri des espions qui pullulaient dans tous les quartiers.

Dans les années quatre-vingt-dix, un dollar US se payait au marché noir jusqu'à mille deux cents kyats, alors qu'au taux officiel banque ou à l'arrivée à l'aéroport Mingaladon, il s'échangeait toujours à seulement dix ou quinze kyats.

Ensuite pour tous, Birmans et voyageurs, nous avons eu droit aux FEC, chèques de voyages uniquement valables dans le pays. Il fallait payer toutes ses notes de transports ou hôtels en FEC, plus possible en billets de banque, excepté dans certains grands restaurants de Rangoon et hôtels de Pagan ou Mandalay.

Les Birmans adoraient aussi les bouteilles de whisky. J'ai souvent joué le jeu avec des gens de Pagan, Rangoon ou du lac Inle. Avec deux litres de whisky achetés en détaxe à Bangkok, je me payais mes périples birmans.

Entre les années quatre-vingt-dix et deux mille, certains grands hôtels à Rangoon et Mandalay étaient très bon marché. L'on pouvait se permettre de loger au Royal Kandawgyi au bord du lac pour trente-cinq dollars la nuit avec petit déjeuner-buffet somptueux. Le Royal Kandawgyi, finement construit et décoré en teck birman, reste à mes yeux l'un des deux ou trois plus beaux hôtels de Birmanie. Aujourd'hui les prix flambent avec la nouvelle démocratie, la liberté des prix, les taxes décuplées. On ne peut faire mieux que de payer deux cent cinquante dollars la nuit actuellement.

Une infime partie de la population s'enrichit, les fils de généraux eux, se la coulent douce, ils gèrent leur patrimoine immense qu'il sera bien difficile de leur confisquer. Le petit peuple à qui l'on a volé les terres sera pour longtemps encore « à la charrette » et devra attendre des jours meilleurs.

Il est certain qu'aujourd'hui avec les poussées démocratiques du gouvernement, la relance de l'économie avec les pays étrangers, le Birman devrait à juste titre profiter de l'essor. Mais il faudra attendre quelques années pour savoir si le paysan, le plus grand pourcentage humain de l'économie birmane, en sortira gagnant. Pas une mince affaire quand l'on connait les problèmes financiers rencontrés par le paysan pour acheter et payer fertilisants, produits pour combattre la vermine ou, dans un autre registre, les pluies torrentielles après un ouragan qui détruisent la récolte comme ce fut le cas dans le delta de l'Irrawaddy il y a quelques années. Les grands propriétaires eux s'en sortiront, les petits devront avoir recours aux emprunts sans gage du lendemain.

Et le gouvernement pour l'aide humanitaire et matérielle, à ce que je sache est régulièrement aux abonnés absents, surtout dans les zones ethniques.

Rocher d'Or de Kyaiktiyo

Dans ma quête d'aventures en 1980, j'entendais parler d'un grand lieu de pèlerinage pour tous les bouddhistes birmans, au bord d'un immense rocher doré à la feuille, dans le territoire môn. Huit heures de voiture de Rangoon pour y arriver sur une route à l'époque trouée tous les dix mètres. Pas ou très peu de véhicules sur les routes birmanes à cette époque ; postes de police, militaires en armes à chaque entrée de villages ou villes, sur chaque traversée de ponts comme sur le fleuve Sittang, de peur des attentats karens en guerre déclarée contre le pouvoir central.

Sur la route de Kyaiktiyo, la ville de Pegu, ancienne capitale royale, avait de quoi surprendre le voyageur peu au courant des grandiloquences du bouddhisme local. Quatre immenses bouddhas assis de trente mètres de hauteur, construits au XVe siècle et qui regardent aux quatre points cardinaux la nature environnante, dans ce petit monastère de Kyaikpun. Plus loin le plus grand bouddha couché du pays en état de contemplation, le Swethalyaung ; cinquante-quatre mètres de longueur pour une hauteur de seize mètres. En ville la grande pagode Shwemawdaw, fidèle réplique de la Shwedagon, et les deux cheveux sacrés du Bouddha enchâssés dans le stupa central haut de quatre-vingt-dix mètres. De très loin, le dôme doré se détache clairement sur le ciel bleu et domine de toute sa hauteur l'ensemble de la ville qui disparait dans une masse de verdure.

Passé Pegu, la route se rétrécit en direction de Moulmein et le sud du territoire môn. À l'époque les militaires ne s'embarrassaient pas de préjugés, bien au contraire, tout devait être à la vue de tous dès qu'il s'agissait de châtier les vilains, les criminels ou les opposants. La route nationale traversait un village de baraquements et deux carrières, pénitencier pour les mauvais sujets qui devaient, enchaînés, casser de la roche sur une falaise blanche comme neige, sous un soleil de plomb. Souvent il m'est arrivé, en passant en voiture sur cet itinéraire vers Kyaiktiyo, de voir en bord de route les prisonniers pieds et mains liés, les chevilles blessées et rougies par les fers de mauvaise qualité. À coup sûr, ceux qui cassaient du caillou étaient condamnés à de longues peines. Ailleurs, dans les plantations d'hévéas qui remplaçaient la forêt primaire, certains prisonniers paraissaient privilégiés. À la vue de tout cela, il y avait de quoi décourager les envies de rébellion.

Kinmon, camp de base de Kyaiktiyo. Des magasins par dizaines vendent leurs bondieuseries pour pèlerins venus de tous les coins du pays. Un « cul de sac » et douze kilomètres à faire à pied d'une montée assez raide pour atteindre le nirvanà annoncé. Aujourd'hui une route asphaltée a été construite pour emmener, moyennant finances, le pèlerin assis dans une benne de camion sur de petits strapontins. Camions par dizaines appartenant à une seule compagnie dont il est facile de croire qu'elle est dans les mains d'un personnage important de la région.

Je préfère de loin le trajet à pied, car on est seul, chemin constellé de petites échoppes pour se reposer, stupas où déposer une offrande, balayeurs qui pour quelques piécettes ou petits billets nettoient et réparent les chemins du pèlerin. Un petit monde en soi, comme sur les chemins de Compostelle.

Au dernier carrefour de la route entre Moulmein et Kyaiktiyo, il y a un camp militaire où l'on devait absolument s'arrêter, faire viser le permis de route et embarquer avec nous un ou deux militaires en armes pour nous protéger. Le territoire môn, aux alentours de Kyaiktiyo jouxtant le territoire karen, était peu sûr, jusque vers le fleuve Salouen et la frontière thaïlandaise distante de moins de soixante kilomètres à vol d'oiseau.

Pas de voyageurs étrangers en ces années-là, pas d'hôtel alentour hormis les maisons locales pour pèlerins ou dortoirs bruyants. De plus les militaires étaient très suspicieux dans le coin, pas question d'aller fourrer son nez où il ne fallait pas.

Dans ces années quatre-vingt, sur certains de mes périples pédestres vers le Rocher d'Or au départ de Kinmon, sur les vingt-quatre kilomètres aller-retour, que je marche, courre ou me repose, j'étais « scotché » littéralement à un militaire ayant ordre de ne pas me lâcher d'une semelle. Cela occasionna parfois de bonnes parties de rigolades car si je m'arrêtais pour aller uriner, le militaire faisait de même. Si je mangeais, il mangeait avec moi et je payais de toute façon toujours l'addition pour lui, avec le sourire.

Nous n'avions droit de visiter que l'esplanade du

Rocher d'Or, ce qui était déjà gratifiant, car ce lieu couvert de stupas, temples et coins de méditation est le rassemblement de tous les bouddhistes de Birmanie. Aller devant ce rocher mythique, y coller des feuilles d'or (droit des hommes uniquement), sentir la fin du jour venu les effluves d'encens par milliers de bâtons qui se consument au soleil couchant, face à la plaine du fleuve Sittang ; ce sont, je vous l'assure, des moments magiques et pleins de sérénité.

Personnellement je voulais aller un peu plus loin, par curiosité, par esprit d'aventure ; pouvoir me promener sur l'autre sentier des pèlerins, celui qui dépasse la dernière pagode côté nord en direction d'on ne sait où…

Il m'a fallu trois années pour parvenir à contourner les militaires et partir sur ce sentier qui longeait les collines jusqu'à un stupa très particulier que j'appelle depuis ce jour « le stupa des moines volants ».

Passé la dernière pagode de l'autre côté de l'esplanade du Rocher d'Or, un sentier suit les collines sur des kilomètres et l'on voit à perte de vue des pagodons qui émergent au-dessus de la végétation. Ce chemin, aucun étranger ne l'avait jamais emprunté, le goût du risque me poussait à aller vers cet inconnu, là où les autres ne vont pas, et ne vont toujours pas en 2017.

Quel sentier ! Il est en fait la porte d'entrée ou de sortie des habitants de petits villages qui résident au nord-est de la pagode dans cette région emblématique de la résistance môn et karen au gouvernement birman, motif pour lequel je devais être obligatoirement accompagné à chacun de mes périples sur le Rocher d'Or.

Après de nombreux kilomètres de marche, les villageois arrivent des villages distants, chargés de lourds fardeaux de bois ou de denrées à vendre sur le village de l'esplanade. Ici aussi, le long du chemin il y a les petites échoppes où l'on vend de tout : les onguents pour se refaire les muscles, les baumes miraculeux, les shamans rebouteux et masseurs professionnels qui utilisent leurs propres potions de jus de tête de chèvre mêlées à des carapaces de scolopendres ou scorpions noirs, essences de toutes sortes d'écorces ou feuilles d'arbres qui embaument l'air. Seul sur ce chemin du pèlerin, l'on me regardait sans comprendre et en silence. Personne ne disait mot.

Au bout d'un kilomètre et plusieurs pagodons traversés où il faut enlever ses chaussures et faire une offrande, la nature se déploie et l'on est seul. Sur un large terrain en pente dominant la vallée du Sittang, des dizaines de bouddhas assis sur des stèles en position de l'enseignement regardent le pèlerin de passage et semblent nous sourire.

Mais, au détour d'un virage, bien gardé derrière de fins bambous tressés et dressés face à un ennemi possible, un camp militaire émerge sur une colline où les soldats font la garde derrière des sacs de sable empilés. Impossible de l'éviter. J'ose une entrée avec un grand sourire et des *Mingalaba !* (bonjour) à qui veut m'entendre, et vois un soldat qui s'approche avec son vieux fusil à la main. Il est très jeune, me donne l'impression d'être trop jeune pour un soldat. Dans un petit baraquement au toit de chaume, je vois un autre soldat à la tête toute enflée, enturbannée de vieux chiffons. Le visage est bleuâtre et il ne dit mot. Le soldat, venu vers moi quelques instants auparavant, me demande dans un anglais imprécis si j'ai des médicaments. Je réponds que non mais dans mon sac au refuge pour pèlerins de l'esplanade, j'ai du paracétamol, de la bétadine et du baume du tigre. Je peux aller les chercher, ce n'est pas loin. Il acquiesce de la tête et me voilà reparti en arrière alors que j'étais quelques minutes plus tôt tout excité de la découverte de ces collines inconnues.

Je reviens aussi rapidement que possible avec désinfectant, baume, aspirine et des onguents achetés à un marchand près du sentier. Le jeune homme va mal et je serais tenté de l'emmener avec moi vers un dispensaire qui doit très certainement exister dans le village de chaume près du Rocher d'Or. Le soldat et ses copains ne veulent pas. J'ai mis un peu de temps à comprendre que nous sommes en territoire môn et que ces soldats sont birmans, donc de possibles ennemis et que personne ne voudra les aider.

Sur ces entrefaites, d'autres soldats sortent de la jungle et entrent au camp. L'on me regarde d'un air étonné mais un soldat explique ma position. Chacun se détend mais je ne peux traîner trop longtemps ici car logiquement je n'ai pas d'autorisation de voyager en dehors de l'esplanade du Rocher d'Or.

Au retour, juste avant l'arrivée vers la première pagode indiquant la proximité du village des pèlerins, là où la vue porte loin, très loin en direction du fleuve Salouen, le territoire môn puis karen, je vois d'épaisses fumées qui s'élèvent dans le ciel. Ce ne sont pas des feux de forêt ou le chaume du riz que l'on fait brûler une fois la récolte coupée. Non, c'est un village qui brûle, j'en suis persuadé, et les soldats qui rentraient d'expédition tout à l'heure dans le camp y étaient peut-être pour quelque chose. Manerplaw, le quartier général de la résistance karen, se trouve entre le Salouen et la frontière thaïe, pas plus de cinquante kilomètres d'où je me trouve.

Triste Birmanie où l'on s'entretue trop souvent entre frères de confession, de langue et d'idées différentes…

Ce soldat birman était à mes yeux une personne comme une autre, jeune de surcroît. Peut-être embauché de force dans l'armée comme c'était souvent le cas à cette époque où chaque famille devait donner un des leurs pour le service obligatoire. Ou bien un volontaire, qu'importe, il faisait vraiment peine à voir, il souffrait. Un jour commun de l'année 1984. C'était, il est vrai, une autre Birmanie, un autre temps. Après cette rencontre, je ne serai pas inquiété ultérieurement par rapport à mon attitude.

L'année suivante, de retour au Rocher d'Or, je reprends mon chemin là où je l'avais interrompu, à partir du camp militaire. Après quelques kilomètres de marche sur une colline à l'aplomb de deux vallées en direction de la « pagode des moines volants », je retrouve nombre de pèlerins venus traditionnellement faire une offrande de cloches qui vont tinter dans le vent et où un serviteur du lieu, mi-moine, mi-funambule, va porter la précieuse cloche au sommet du stupa.

Et c'est là, en pleine nature, que cette pagode prend tout son sens. Le moine équilibriste va aller au sommet du pagodon via une échelle de corde posée sur un pilier de bois dont le sommet est à plus de vingt mètres de hauteur. Il doit ensuite marcher sur une liane en rotin, comme un funambule, trente bons mètres vers le stupa, au mépris du vide.

Chemin faisant, il s'arrête, s'assoie, regarde autour de lui, me regarde et continue jusqu'au stupa où il va accrocher la cloche qui instantanément se met à tinter dans la brise légère. Pour le pèlerin c'est le moment furtif d'une petite prière au vent et aux bons nats-esprits de protection quotidienne.

Une deuxième liane en rotin, liée à la base du stupa, descend en diagonale jusqu'au sol. Le moine volant se couche alors sur la corde et se laisse glisser à grande vitesse, les deux bras déployés comme les ailes d'un avion jusqu'au pied de la pagode.

Tout simplement extraordinaire !

J'ai régulièrement demandé à cet homme de recommencer une seconde fois, moyennant obole, pour faire ou parfaire mes clichés. Il a toujours accepté, mais seulement deux fois, pas plus. Après ce deuxième exercice, je le sentais exténué et lui donnais un bon pourboire, ce qui pour un Birman est toujours un cadeau venu du ciel. Depuis tant d'années, le brave homme est toujours présent, mais assis maintenant dans le hall qui sert de rencontre avec les pèlerins désireux de faire un don. Son fils a pris la relève, jeune et musclé, un grand funambule comme son père le lui a appris.

C'est aussi cela Kyaiktiyo, ce stupa au fond des bois que les pèlerins bouddhistes connaissent et surtout prennent le temps de visiter. Pour le voyageur étranger, il est le parfait inconnu. Il est à chacune de mes visites, à moi tout seul.

Au retour par le même chemin, il y a une petite bifurcation pas très loin du camp militaire et un panneau qui indique un monastère retiré dans la campagne, lui aussi bien caché derrière d'épaisses forêts de bambous. Un *pongyi* – moine birman – vit seul dans une maison austère. Sous un porche extérieur, plusieurs bouddhas en position de l'enseignement guettent le pèlerin. Une offrande est toujours la bienvenue. Calme total, au fil des années ce site ne change pas. Quelques maisons sur pilotis se cachent en aval du monastère. Les gens qui habitent ici se chargent d'apporter le bois vers Kyaiktiyo pour les besoins immenses des pèlerins qui, chaque année, viennent se prosterner devant le Rocher d'Or par centaines de milliers.

Proche des maisonnées, un sentier est visible dans la descente vers les vallées lointaines. Je demande à la patronne de la petite auberge qui jouxte le monastère où va ce chemin. Elle me répond « *Pongyis, monastery !* ».

C'est à une heure d'ici en comptant sur ses doigts, soit entre deux à trois heures aller-retour. Il est près de deux heures de l'après-midi, je décide d'y aller en courant, je verrais bien si c'est trop loin ou pas, je peux toujours rebrousser chemin, car je dois être rentré sur l'esplanade avant le coucher de soleil, les militaires veillent aux entrées parfois.

Longue descente dès le départ sur des terrains cultivés, faisant place à une jungle aux arbres élevés. Le sentier est en assez bon état, je suis confiant, ne peux me perdre. Stupeur à mi-pente de devoir croiser quelques éléphants qui mangent dans le feuillage. Je me suis arrêté net, le cœur battant.

Éléphants sauvages ou domestiques, tout est possible ici, mais comment les reconnaître… « éléphant dérangé, éléphant fâché ! » comme on dit dans ces contrées asiatiques. Que faire, je ne me pose pas de questions, je continue en courant ma descente dans le sentier pentu. Les éléphants n'ont pas bougé et je ne me suis pas retourné. Mais il va falloir les recroiser au retour, l'angoisse…

Je descends à grande vitesse depuis une bonne demi-heure et la pente fait place à un replat, les arbres disparaissent. J'aperçois au loin un ensemble de bâtiments et des jeunes moines en robe safran qui jouent au *shinlon*, le jeu traditionnel birman avec une balle en rotin que l'on doit faire passer au-dessus d'un filet. Le monastère n'était donc pas si loin que ça.

Arrivé près de la place centrale, un jeune moine m'aperçoit, vocifère des mots d'une voix aigüe avec de grands gestes à ses copains, et tous les moinillons partent à grandes enjambées se cacher. Silence total, plus personne. Ce monastère doit abriter une importante communauté de moines, vu la taille de l'édifice. Autour de la pagode centrale, il y a plusieurs bâtiments nouvellement construits et un autre beaucoup plus ancien à l'assise de briques rouges, recouvert de stuc. Les murs sont faits de vieux bois et plusieurs toits aux rebords en dentelle ciselée. Un homme silencieux est assis à l'intérieur. Il me regarde entrer, n'est pas surpris et m'invite à m'asseoir en face de lui sur une natte de rotin. Grand calme dans cette immense bâtisse en bois de teck sur pilotis, comme la Birmanie en a des milliers aux quatre coins du pays. Je ne sais pas quoi dire, je suis surpris moi-même, mais le visage étrangement lumineux, affable du moine me met à l'aise instantanément.

Il parle très légèrement anglais et m'écoute épeler mon nom, nationalité, ma venue de Kyaiktiyo, les éléphants… Je le revois très bien sourire à l'énoncé des pachydermes, mais je ne sais toujours pas s'ils sont sauvages ou domestiques.

Je comprends que je suis le premier étranger à visiter son monastère et que j'ai bien du courage, car il est interdit de venir ici et que la région n'est pas sûre et pleine de soldats aussi. Je ne peux rester longtemps. Il m'offre une tasse de thé vert, je lui laisse en signe d'adieu une carte de visite qu'il range précieusement dans un livre et je repars aussi vite qu'arrivé. Les moinillons n'ont toujours pas refait leur apparition. Je reprends ma marche rapide vers le sommet des collines. Point d'éléphants à l'horizon, ils devaient brouter plus loin en jungle.

Je me félicitais au soleil couchant de poser quelques feuilles d'or sur le rocher en signe de remerciement de cette merveilleuse journée, pleine de rencontres. Si je m'étais fait pincer par des militaires, j'étais bon une nouvelle fois pour un séjour sous bonne escorte, ou *persona non grata* en

Birmanie.

Régulièrement à Kyaiktiyo, j'observais les échoppes des marchands du temple, et tous vendaient des bouts de peau, poils, morceaux de pied ou d'oreille d'éléphant et les énormes dents de ces pachydermes. S'agissait-il de mes éléphants rencontrés dans la jungle qui se seraient approchés trop près de l'esplanade, le résultat de la mort naturelle de l'un d'eux, d'une escarmouche entre rebelles et militaires, ou d'une vengeance tout simplement ? Je n'ai jamais obtenu une réponse franche des habitants sur place, à ce jour.

Récemment le gouvernement a interdit le commerce des peaux de tigre ou léopard, ours ou serpent, pour ne point offusquer les ONG et protecteurs de la nature. Encore aujourd'hui, si l'on cherche bien dans ce site remarquable, il reste beaucoup d'incorruptibles, ceux-là même qui appartiennent au peuple Môn.

La pagode mystérieuse

La pagode du Rocher d'Or se trouve à 1100 mètres d'altitude sur le mont Kyaiktiyo. Construite il y a deux mille cinq cents ans, elle contient un cheveu du Bouddha qu'un ermite avait précieusement conservé dans son chignon, jusqu'au jour où il trouva un énorme rocher en haut d'une montagne qui ressembla à son propre crâne, et où il puisse y ériger une pagode et enchâsser le précieux cheveu.

Cette pagode est une affirmation permanente de la spiritualité des Birmans. De son site exceptionnel, et quand bien même de petite taille, elle est l'un des points de ralliement de tout Birman qui se doit d'y faire pèlerinage au moins une fois dans sa vie. Reconnue comme l'une des sept merveilles de l'Asie du Sud-Est, Kyaiktiyo est aussi une des merveilles de notre planète par la grâce de ce stupa posé sur un énorme rocher granitique recouvert de plaques et feuilles d'or, en équilibre précaire sur un autre rocher tabulaire.

Le rocher et sa table sont deux blocs de granite séparés. Le premier se balance littéralement au bout de la petite pente de la table, au-dessus du vide. De même, la table est séparée de plusieurs mètres du reste de l'esplanade où les hommes y ont construit une passerelle. Si l'on se positionne à un point particulier, d'une seule pression de l'épaule, le rocher bouge, témoins les petits bouts de bambous coupés très fins que l'on coince entre le rocher et sa table. Mieux encore, l'on peut faire passer un fil entre les deux blocs. D'une certaine distance et vu d'un certain angle, cette séparation peut être appréciée en vertu d'un fin trait de lumière rendu par le jour.

Il est absolument incroyable que ce rocher ait pu se tenir en position précaire depuis tant de siècles ou millénaires. La région est parfois secouée par de violents séismes et les pieux bouddhistes attribuent ce pouvoir au cheveu du bouddha enchâssé dans la pagode.

Ceux qui ont construit il y a des siècles cette pagode au sommet du rocher devaient être de bons bâtisseurs, de fins architectes. Tout comme chaque année, des milliers de feuilles d'or sont posées sur le rocher par les pèlerins, représentant plusieurs centaines de grammes qui contrebalancent l'angle de pente.

Kyaiktiyo est un site extraordinaire !

« Femmes girafes » et spirale d'or

En 1996, France2 télévision, m'avait contacté pour réaliser un sujet politique en territoire karenni, au départ de la Thaïlande. Il fallait trouver le fil rouge qui nous emmènerait l'équipe et moi-même de l'autre côté de la frontière, se rapprocher du fleuve Salouen et rejoindre le quartier général des forces karenni d'un de leurs commandants, monsieur Abel Tweed.

Facile à dire, difficile à réaliser, mais excitant au premier abord. Avec Bernard Guerrini le réalisateur, les discussions allaient bon train sur la faisabilité d'un tel projet. Sans une logistique appropriée nous étions bons pour nous jeter dans la gueule du loup. Plusieurs jours de marche dans les jungles hostiles, montées et descentes incessantes, traversées de rivières en pirogue à découvert ou peut-être en nageant. Qui pouvait prédire ce qu'il pourrait arriver, tout en sachant que l'armée birmane patrouillait régulièrement la zone et que les attaques entre insurgés et militaires étaient fréquentes ? Il fallait en avoir, comme on dit !

Des recherches en amont prouvaient que le territoire était miné dans certains secteurs. Très franchement je ne me voyais pas revenir avec une moitié de jambe en moins pour un reportage politique. Je connaissais trop bien la réalité sur le terrain, le difficile combat mené depuis des décennies par les peuples karenni et kayah dans ces zones de collines. Avec Bernard nous avons beaucoup hésité, mais la logique a voulu que cette expédition dangereuse à plus d'un titre ne fût pas pour nous car nos documentaires œuvraient plutôt pour la paix et la beauté des hommes ou de la nature, un critère plus naturel.

Il fut décidé de changer de stratégie et d'aller faire un reportage via un de leurs groupes ethniques le plus représentatif, les Padaungs, au départ d'un camp de réfugiés tout proche de la frontière dans un village nouvellement construit près de Mae Hong Son, en Thaïlande.

Je me souviens de notre arrivée au village et les quelques jours passés dans une famille padaung, le célèbre peuple des « femmes girafes ». Nombre de ces hommes, femmes et enfants venaient juste d'arriver quelques semaines auparavant, réfugiés forcés d'un petit village à trois jours de marche de la frontière, fuyant la guerre et les mauvais traitements occasionnés par l'armée birmane.

Dans ce village – qui n'avait rien de thaïlandais – il nous a fallu plusieurs jours pour nous imprégner de l'ambiance, des faits et gestes de chacun. La plupart des habitants, surtout des femmes et des enfants, vivaient au calme dans leurs maisonnées. Elles passaient le plus clair de leur temps à tisser des étoffes couleur blanche, à aller chercher du bois, faire la cuisine pour la famille, et la fin du jour à venir se retrouver près de la rivière pour la toilette.

Les enfants allaient à la petite école construite par une ONG dont les instituteurs étaient karennis. Les hommes, eux, on ne les voyait que très peu, en nombre très limité. Certains partaient tôt le matin traverser la frontière afin de donner un coup de main aux amis restés côté birman, soit pour chercher de quoi manger, chasser, soit pour se battre. À l'image de Mula, époux de Mu Louma, qui partait presque chaque matin, tôt, avec sa jambe de bois qu'il avait fabriquée lui-même et son vieux fusil également fabriqué maison, tirer sur quelques militaires birmans en direction de la rivière Pai. Tout cela sous le regard bienveillant des militaires siamois en poste à la sortie du village.

Dans ces années-là, les Thaïlandais n'aimaient pas vraiment les Birmans. À chaque vol vers Rangoon avec la compagnie Thaï International, régulièrement les hôtesses de l'air me demandaient ce que je pouvais bien venir faire ici dans un pays où il n'y avait rien, un pays de gens étranges où l'on n'avait pas le droit de parler et où il n'y avait aucun modernisme. Il est clair pour un Thaï que la destruction de leur capitale royale Ayutthaya, à deux reprises en 1569 puis 1767 par les armées du roi birman Alaungpaya, a laissé des traces profondes. Les Thaïs n'ont jamais pardonné le pillage des images sacrées, d'être vaincus par un ennemi sanguinaire. Eux n'étaient pas non plus des enfants de chœur dans leurs croisades asiatiques mais ils se sont toujours targués de n'avoir jamais été colonisés par l'occident – honneur suprême en Asie.

Chaque soir à la tombée du jour, Mula revenait fusil à l'épaule, ne parlait pas, avançait à une allure stupéfiante avec sa jambe de bois. La mine antipersonnel, qui un beau matin lui coûta sa jambe alors qu'il allait en forêt avec sa mère, changea sa vision de la vie du tout au tout, mais aussi sa capacité à se mouvoir et protéger sa famille car le danger était multiple en territoire kayah. Il fut forcé de choisir la fuite de l'autre côté de la frontière avec femme et enfants, pour rejoindre ceux qui, avant lui, avaient déjà abdiqué devant une lutte devenue trop inégale. Depuis ce jour-là les leaders karennis l'ont chargé de la protection des réfugiés.

Chaque matin, Mu Louma partait au bain avec sa fille. Elle y rencontrait d'autres femmes girafes comme elle, réfugiées. Le devoir au quotidien de laver le corps mais surtout nettoyer au plus près les spirales de métal que les femmes portent toute une vie autour du cou. Chaque matin après le lever où Bernard et moi partagions la même petite hutte que la famille, je pensais en souriant que vers dix heures, Mu Louma et sa fille partaient au bain « astiquer les cuivres », que c'était un enchantement de les regarder, apprécier la douceur des gestes, la beauté de ces femmes pas comme les autres.

Ce nettoyage des spirales est très important pour éviter le « vert-de-gris » qui pourrait irriter la peau très rapidement si la spirale était négligemment entretenue. Mu Louma passait près de deux heures chaque jour à cette toilette particulière, aidait sa fille de dix ans qui comme elle aurait un jour un très beau cou de plus de vingt-cinq centimètres de hauteur, la fierté du peuple Padaung.

Changer une spirale est tout un art, nous l'avons filmé avec mon compagnon Bernard un beau matin au village.

Aidée par une autre femme, la spirale de la petite Mu Bee est enlevée, on lui tient le cou car celui-ci n'a plus la même force qu'auparavant. Même à son jeune âge l'on voit déjà un cou étiré et plus fin. Une autre spirale est posée, plus longue de quelques centimètres, et la petite fille sans mot dire accepte cette réalité ethnique, fatalité devrais-je dire qui me donne quelques larmes aux yeux.

Les femmes padaungs sont considérées comme les gardiennes de l'identité et de l'âme de la famille ou de leur peuple. Cette âme réside dans le cou de la personne, aussi pour mieux la protéger elles s'entourent le cou de longues spirales de laiton. Une autre version voudrait que le cou de ces femmes soit protégé des attaques des animaux sauvages, surtout le tigre qui vit encore dans ces contrées isolées de jungle birmane. Ou encore qu'elles ne soient pas volées par un ennemi de la tribu qui assurément ne voudrait une femme par trop différente de sa propre coutume.

Les jambes sont aussi recouvertes de spirales ; pour les plus âgées cela va de la cheville au genou et leur donne vraiment cette impression de démarche animale, d'où le nom de « femme girafe ». Un peu péjoratif certes comme expression pour une coutume unique en Asie. Les Padaungs dans leur ensemble acceptent aussi ce titre, même si elles n'ont jamais vu une girafe de leur vie.

Les femmes kayahs, elles, s'enroulent les genoux d'énormes pelotes de fibres végétales, censées protéger l'âme de la personne qui réside à cet endroit.

Un beau matin, en tant que chef local représentant les Karennis, Mula nous demande de le suivre. Interdiction de filmer, sinon problèmes. Direction la frontière, à pied, en passant devant le poste des militaires qui, pour un petit billet de banque, ferment les yeux. Ils nous connaissent depuis plusieurs jours que nous sommes dans le coin. Nos faits et gestes sont sûrement rapportés à la police locale. Nous passons en Birmanie avec Mula qui marche d'un pas sûr, empruntons un sentier dans les collines arides où un cobra noir dormait enroulé sur une souche d'arbre. Direction le *Karenni Black Market* à quelques heures de marche.

Et quelle rencontre ! Nous sommes dans un territoire neutre, où n'existe pas la guerre et où chaque chose a bien sa place. Marché noir comme son nom l'indique car dix pour cent des redevances sur les marchandises qui transitent par ce camp de jungle vont directement à la guérilla karenni pour les besoins de protection de ses populations, achats d'armes, denrées alimentaires. Le trafic se fait dans les deux sens, Birmanie/Thaïlande et Thaïlande/Birmanie. Les caravanes passent de jour comme de nuit, des centaines de mules transportent régulièrement d'antiques bouddhas de bois dorés à la feuille, achetés ou volés dans les pagodes du territoire shan ou bamar. Il y a aussi le très précieux jade et les saphirs ou rubis des carrières du nord. Les bouddhas et autres pierres précieuses non taillées iront sur les marchés de Chiang Mai et Bangkok. En revanche, pas de drogues dures comme l'opium ou l'héroïne nous dit Mula. « On laisse cela aux autres, nous sommes des gens de paix et voulons juste aider le peuple karenni ». Je le crois volontiers…

Il est certain que sur deux mille cinq cents kilomètres de frontière commune entre la Thaïlande et la Birmanie, et plus au nord entre la Chine et la Birmanie, le trafic rapporte gros, vu le nombre de caravanes aux dizaines de mules chargées lourdement qui passent régulièrement à certains postes de contrôles. Au *Karenni Black Market* ce n'est probablement rien en comparaison des marchés parallèles shans ou was, qui eux trafiquent opium et dérivés à grande échelle pour les besoins d'entretien d'une guérilla coûteuse, mais c'est aussi une manne pour les leaders connus ou non dans ce méli-mélo de contrebande vers la Thaïlande et la Chine.

À tous les niveaux, la police ou l'armée thaïlandaise touchaient des pots de vin à cette époque, certains considérables vu les sommes en jeu. Il est même à parier qu'entres militaires des deux côtés de la frontière, en certaines zones, les profits soient partagés. Comment pourrait-il en être autrement lorsque l'on voit le nombre record de réfugiés birmans qui survivent en terre thaïlandaise, un accord tacite entre les deux pays est logique ? Ce doit être donnant-donnant.

Zones frontalières

Au début des années quatre-vingt, il était stupéfiant de constater combien les voyageurs de passage, dans les zones frontalières thaïlandaises et birmanes de Mae Sot, Mae Sariang et Mae Hong Son surtout, pouvaient circuler sans problèmes.

J'étais parti pour une dizaine de jours randonner des deux côtés de la frontière, à la rencontre des peuples Akhas, Yaos, Lisus, Hmongs pour ne citer que les plus connus. Point d'étranger dans la zone, en-dehors des locaux.

D'une colline à l'autre, entrecoupées de forêt, les villages différaient par leur ethnicité et langue. Ma guide, une jeune fille embauchée dans un village, était une véritable opiomane. Dès la traversée ou l'arrivée dans un village, elle disparaissait quelques instants pour fumer avec quelques connaissances. Ce n'est qu'au bout de deux à trois jours que je compris son manège et pourquoi elle parlait si peu. En chemin, nous longions d'immenses champs de pavots cultivés par le peuple lisu aux costumes d'un bleu clair chatoyant. Incision des bulbes d'où une pâte noirâtre filtrait, récoltée avec un petit couteau spécialement fabriqué à cet effet.

Il faut avoir soi-même fait l'expérience de fumer ou ingérer de l'opium pour comprendre l'état mental des populations de ce triangle d'or : Birmanie, Thaïlande, et Laos principalement.

Chaque village étape n'était occupé en partie que par de

braves citoyens peu causants, la pipe à la bouche ou regardant le vide bouche bée, ne semblant aucunement voir l'étranger de passage. Les repas concoctés par la guide étaient identiques aux repas des habitants du village : soupe de maïs, pousses de bambou bouillies et parfois un morceau de poulet d'une maigreur à faire peur. À croire que les poulets étaient aussi sous opium. Un opiomane se nourrit de pensées et d'eau fraîche, le reste est sans importance. État de contemplation où l'on oublie de s'alimenter. Quelques anciens fumaient depuis des lustres jusqu'à trente pipes par jour. De quoi vivre en contemplation infinie, nirvanà perpétuel.

Un jour, nous croisâmes une caravane d'au moins cinquante mules arrivant de l'autre côté de la frontière. Que pouvait-il y avoir dans ces dizaines de ballots et sacs de jute ? Drogue, antiquités… Il est clair que le service douanier avait touché sa dîme car la caravane avançait sans peur, ni reproches.

Sur un autre voyage, en descendant la rivière Mae Kok de Thaton jusqu'à Chiang Rai – rivière qui est souvent le point frontalier entre Thaïlande et Birmanie – j'ai assisté à des tirs de mortier sur un village proche des berges. Tirs de l'armée birmane contre, je le suppose, des combattants de la Hmong Tai Army du chef de guerre Khun Sa, proche du massif de Doi Larng. Les piroguiers thaïs, quoique habitués à passer dans le coin, n'avaient pas traîné, pas concernés.

En rafting sur la rivière Mae Nam Moi entre Mae Sot et Mae Sariang. La rivière jouxte la frontière. Le raft sur lequel j'avais pris place avait été détruit dans les quelques rapides de la rivière car mal conçu par l'équipe locale, et nous eûmes droit à un bon bain, équipage, vêtements et bagages trempés. Albert, mon compagnon d'aventure en cette année quatre-vingt, avait eu deux doigts de pied cassés, coincés entre les bois du raft. Il souffrait mais pouvait et devait continuer à marcher jusqu'au village le plus proche. Nous décidâmes d'y passer la nuit, hébergés par une famille de paysans dans leur hutte sur pilotis, et panser Albert du mieux possible.

En pleine nuit, des tirs soudains nous réveillent, assez proches du village. Au bout d'une heure, nous vîmes arriver un groupe de gens, tous habillés de la même chemise blanche, liserés rouge et noir. Femmes, enfants et jeunes adultes, apeurés, les yeux hagards pour certains, fuyant la Birmanie et se réfugiant dans le premier village d'après la frontière. Des Paos Karens me dit notre hôte. Notre belle nuit ce jour-là, couchés sur nos matelas, prit fin en quelques minutes.

C'est assis jusqu'au petit matin que chaque groupe s'observait car personnellement je n'avais encore jamais rencontré de Paos Karens avec de telles coiffures, deux nattes tressées de chaque côté du visage pour les hommes. Les femmes étaient avec des bébés en bas-âge qui pleuraient. Au petit matin, l'on vint nous dire qu'un éléphant avait été tué. Où, comment ? Nous n'en saurons pas plus. Albert avait passé une nuit pénible, atténuée il est vrai par cette vraie surprise d'aventure nocturne.

Paos Karens, Padaungs, Kayans, Kayahs, tous ont le

même désir de liberté, de survivre dignement. Pacifiques, ils sont pourtant condamnés à se battre pour des droits légitimes à la différence et plus simplement à leur survie et leur liberté. En tant qu'habitants du plus petit des états birmans dans un pays trop morcelé de peuples qui revendiquent un état de droit, les Karennis refusent d'être considérés comme étrangers sur leur propre territoire.

Loikaw est la capitale de l'état karenni. La région s'ouvre et se ferme au gré des problèmes politiques. Aujourd'hui c'est ouvert, qu'en sera-t-il demain ? En plus de trente années de voyages en Birmanie, je n'ai pu rejoindre la capitale karenni que trois fois. Située à mille mètres d'altitude, c'est une petite ville agréable à vivre. Aujourd'hui oui, dans les années quatre-vingt et quatre-vingt-dix sûrement pas. Thimiringala, son marché ethnique, est aujourd'hui un lieu de visite libre où les paysans des collines viennent vendre leurs produits agricoles. Kayahs et Padaungs sont visibles au marché et si un grain de sable ne vient enrayer la machine de l'ouverture, il est possible de partir à pied découvrir des villages ethniques en amont des collines où rien n'a vraiment changé depuis des lustres.

Ce peuple Padaung m'aura beaucoup ému durant ces années de lutte pour la liberté. Aujourd'hui tout n'est pas réglé, plusieurs groupes karennis proches de la frontière thaïe luttent toujours pour leurs droits et revendications, tout comme certains groupes shans refusent toujours d'adhérer à l'union birmane. La *Shan State Army*, forte de ses milliers de combattants, fait pression encore aujourd'hui sur le nouveau gouvernement pour obtenir une paix négociable, mais pas à n'importe quel prix. Les Karens font de même, groupe ethnique le plus important en Birmanie et cible principale des forces militaires birmanes.

Auront-ils un jour la paix requise, tous ces peuples si différents soient-ils, avec le pouvoir central ?

Rapport de route

Un beau matin de juillet 1994, je m'envole de Rangoon par beau temps, pour la petite ville de Bhamo au sud du territoire Kachin, très proche de la frontière chinoise. Escales à Pagan et Mandalay, tout cela en sept heures de temps. La Burma Airways a toujours les bons vieux Fokker 27 à hélices et nous survolons collines et rizières en étages, maisonnées de bois dans des villages compacts. À l'arrivée sur une piste en terre, dès la sortie de l'appareil, quatre soldats armés jusqu'aux dents entourent l'appareil, d'autres sont planqués derrière des sacs de sable dans la végétation tropicale. Me voyant au milieu des passagers birmans, un officier vient à ma rencontre, me demande dans un mauvais anglais ce que je viens faire ici. Il me demande mon passeport et mon permis de visite du territoire, obligatoire. Tout le monde se tait et me regarde.

Nous sortons de l'aérodrome et je dois suivre l'officier de police. Une jeep de type armée chinoise m'attend, direction la maison du gouvernement, qui fait fonction de bureau des affaires intérieures, bureau du service de renseignements.

C'est ici que je suis « assigné à résidence » pour le moment, le temps que l'on décide si l'on va m'accorder le droit de rester ou reprendre illico le vol retour sur Mandalay. À Rangoon j'ai obtenu un permis et le droit d'aller visiter, en partie, cette région retirée du territoire birman.

Autorisation spéciale du département du tourisme

birman signée par un colonel chargé des laissez-passer pour les visites en territoires sensibles, mais d'une durée limitée à quinze jours.

La « maison du gouvernement » est imposante, construite entièrement en bois de teck et sur deux étages. La bâtisse est vraiment accueillante avec son long balcon à l'étage.

Chaque geste est scruté, rapporté, le temps que le chef de région s'enquiert auprès de Rangoon du pourquoi de la venue d'un étranger français ici, à Bhamo.

Problème réglé, l'avion étant parti avec deux heures de retard à cause de moi, l'on m'indique une chambre où je vais pouvoir dormir. C'est gratuit, car je suis l'hôte du gouvernement local. Ici le tourisme n'est pas banalisé, je suis l'un des premiers européens à visiter la région depuis l'indépendance. Valeur ajoutée quand on pense combien il est difficile d'obtenir quoi que ce soit dans ce pays.

L'après-midi, je vais me promener en ville avec un guide local désigné d'office. Il est sympa Zaw Myaung, Kachin d'origine ; il parle anglais, est souriant et a ordre d'assurer ma sécurité. La KIA, *Kachin Independence Army*, est toujours aux portes de Bhamo. Je comprends mieux l'arrivée en avion ce matin, les militaires en armes et Zaw Myaung qui me rapporte que de temps à autre, ils tirent à vue sur les avions commerciaux ou militaires. D'où la surprise du gradé à mon arrivée et son irritation visible en cas d'escarmouche. Une mauvaise pub pour le pays et sa destitution directe pour manquement à la discipline.

De retour à la « maison » en fin de journée, le guide doit

rapporter nos activités au militaire qui vient à sa rencontre, interrogatoire en règle.

Dans une des pièces de l'immense maison il y a une très belle photo ethnique en noir et blanc dans un vieux cadre en bois. Je demande à la personne du bureau si je peux l'acheter, je paie en dollars. L'autre me regarde l'air intéressé mais il ne sait comment faire, car ensuite le mur sera vide et il n'y a rien pour remplacer cette photo. Qu'à cela ne tienne, mon guide explique qu'il y a un photographe en ville qui pourra faire une bonne copie de la photo pour l'équivalent d'un dollar. Banco, je donne cinq dollars et je veux l'original de la photo, la copie retournera sur le mur dans son cadre, ni vu ni connu. Le lendemain tout était en règle. La photo représente une jeune fille Yawyin, sous-groupe ethnique qui peuple les plateaux aux abords de Putao, la ville la plus septentrionale près des contreforts himalayens.

Après la visite du monastère bouddhiste et un bon repas birman en compagnie des employés de la « maison », c'est la deuxième fois aujourd'hui que je vois un local en état d'ébriété avancé. Chez les chrétiens kachins des montagnes, on ne fait pas semblant de boire l'alcool de palme, fait maison, qui arrache comme de la dynamite.

Le lendemain matin, remue-ménage à l'étage du dessous : un ancien médecin colonel de la Croix-Rouge birmane, U Bo Kyi, reçoit un Kachin de vingt-cinq ans qui a sauté sur une mine antipersonnel il y a trois ans dans la jungle, à l'occasion du travail forcé obligatoire de déminage de zones. U Bo Kyi veut voir l'état de la jambe du jeune homme, son articulation, et veut changer sa prothèse car il y a mieux maintenant. Après essayage le jeune homme repart tout content, remercie son donneur et ne cesse de me regarder, étonné.

L'ancien colonel, lui, n'est pas étonné de me voir ici, peut-être connait-il déjà tout de moi. Un homme très éduqué, poli, et son anglais est impeccable. Après l'épisode de la jambe, nous prenons ensemble le petit déjeuner et bavardons longuement sur la région kachin, la situation politico-économique, le trafic de l'opium qui, dans la région de Bhamo, est un immense problème. Bhamo reste avec Lashio l'un des deux centres importants du trafic d'opium et d'héroïne de Birmanie.

Sur ce, il me laisse, il a un autre rendez-vous auquel je ne peux pas assister...

L'après-midi dans ma promenade en ville, contre toute attente je vois sur l'écran de télévision d'un petit commerçant le match de football Brésil – Pays-Bas en quart de finale du Mondial. Tous les jeunes sont heureux de voir le match avec un étranger, comme ceux de la télévision. Ensuite je les suis sur le stade et commence une partie de foot sur un terrain bosselé où il faut faire attention de ne pas se faire une entorse dans un trou bien caché par les herbes. La foule du quartier arrive pour voir « le blanc » qui court balle au pied. Un moment très sympathique de cette expédition au sud du territoire kachin où j'ai senti le bonheur dans les yeux des gens en me regardant, fait trop rare dans cette région laminée par des conflits interminables.

De retour à la « maison », pendant mon absence sont arrivés trois membres du département des investigations spéciales, sécurité du territoire. Ils sont là pour un crime commis dans un village, non résolu à ce jour. En fin d'après-midi l'un d'eux me dit que leur situation n'est pas enviable, leur travail est sans intérêt et sous-payé. L'autre aimerait partir pour les États-Unis, et le troisième me dit qu'il voit parfois des fantômes dans la « maison » et qu'on les entend la nuit. Ce n'est pas la première fois qu'il vient ici.

À peine trente-six heures que je suis à Bhamo et tout le monde me connait. Le *Pyen Te* (le Français) est arrivé ! On me salue, les jeunes sont contents et m'acceptent vite, me demandent de venir chez eux malgré les interdits, ce qui fait parfois sourire mon accompagnateur même s'il se méfie de l'engouement provoqué par ma présence ici.

La nuit, le policier du DSI ronfle comme un sonneur.

Devant mon insistance à voir du pays et à rencontrer des villages et gens typiques de la région, en l'occurrence le peuple traditionnel Kachin, nous partons en taxi-jeep tôt le lendemain matin vers un village distant d'une dizaine de kilomètres de Bhamo. Une grande maison servant de conseil communal kachin regroupe diverses communautés ethniques du nord-est birman. Une quinzaine de jeunes, garçons et filles, ont revêtu leurs costumes traditionnels pour l'occasion. Ensemble nous allons passer une demi-journée délicieuse à faire des photos en groupe ou en individuel, avec danses traditionnelles près de l'église baptiste, au jardin communal, au bord du fleuve

Irrawaddy. Je suis le premier photographe étranger à passer dans le coin et les filles posent, toutes plus belles les unes que les autres, dans leurs habits colorés et chapeaux aux parures d'argent.

La discrétion du matin a fait place à de grands éclats de rire, les garçons sont enjoués et les filles se laissent apprivoiser, devenant même coquines. Ensuite je les invite pour le repas de midi dans un petit restaurant chinois et fait une donation pour l'école artistique. La joie du professeur principal fait plaisir à voir, elle me dit dans un anglais presque parfait que cette journée comptera pour eux car nul n'est jamais venu ici, trop de conflits et pas de touristes. Je lui promets d'envoyer les photos agrandies dès mon retour sur Rangoon (j'ai eu la joie de recevoir à Bali, quelques semaines après, une lettre du professeur me remerciant des superbes photos de cette journée mémorable, me prouvant finalement que les postes birmanes étaient très efficaces même en zones de troubles politiques).

Après leur avoir également donné quelques petits cadeaux comme stylos et deux t-shirts qu'ils et elles se sont arraché, je suis rentré à la maison du gouvernement, ragaillardi par cette rencontre ethnique fortuite mais provoquée.

Tôt le lendemain, le capitaine de garde vient me signifier que ma requête d'aller en jeep vers les régions frontalières avec la Chine est acceptée – mais pas seul bien sûr. Mon agent privé, un policier et un militaire en armes sont du voyage. Direction Mawmaunk à quelques encablures de la frontière, territoire visiblement mal contrôlé par l'armée et sous la menace des Was, peuple d'origine shan très belliqueux de nature et qui se livre à tous les trafics rentables comme armes, drogue, contrebande.

Plusieurs kilomètres après Bhamo, poste militaire, une barrière se lève et un autre militaire avec fusil automatique s'accroche à l'arrière de la jeep. J'ai quatre bonshommes pour me protéger. La région ressemble au territoire shan du lac Inle, et des paysages typiques du Yunnan chinois tout proche. Collines boisées, rizières, buffles d'eau vautrés dans la boue.

La route est de plus en plus défoncée, plus de goudron, route caillouteuse et boueuse, quelques villages paraissant déserts. Les militaires sont aux abois sur la traversée des bourgades silencieuses. À cinq miles de la frontière, au moment où je sens que je vais aller jusqu'à la porte du Yunnan, le chauffeur s'arrête pile-poil à l'entrée d'un pont. Trop délicat d'aller plus loin, de franchir ce pont. Il faut s'arrêter et rebrousser chemin. Mon guide ne dit mot, il ne sait pas quoi me dire. Les soldats descendent de la jeep, se postent en carré pendant que le chauffeur fait la manœuvre. Sur le moment je me dis qu'ils bluffent et ne veulent pas tenter le diable de pousser plus loin. Ils ont des ordres mais il se peut aussi que ce pont soit dangereux, miné, ou qu'il y ait des guetteurs ennemis de l'autre côté, ou sous le pont.

J'ai juste le temps de faire quelques clichés du pont malgré les interdits (valables sur l'ensemble des ponts du territoire birman), et retour à la case départ, Bhamo.

L'après-midi, j'ai vu le deuxième quart de finale de la coupe du monde Allemagne–Bulgarie chez le même commerçant, puis je retourne au stade jouer une partie de football comme la veille.

Quelle vision étonnante en une seule journée, passant d'une ambiance tendue aux portes de la Chine à un match de football dans une ambiance bon enfant. Tout cela est le quotidien du Birman. Ici ou ailleurs le peuple supporte la tension interminable sur plus de trente années de conflits inter-ethniques et gouvernementaux.

Bhamo est une ville clef au nord comme à l'est, entre insurgés Kachins et les redoutés Was qui ne font pas souvent de prisonniers et qui, au-delà d'être les premiers pourvoyeurs de drogue du pays, s'assurent des alliances avec qui le veut, que ce soit les communistes venus de Chine, les *Kuomintang*, la *Kachin State Army* ou la *Shan State Army*. Toutes les alliances sont bonnes pour se livrer aux commerces en tous genres, mais les Was font partie d'un sous-groupe qui milite pour une indépendance totale. Anciens coupeurs de têtes, leur armée aujourd'hui forte de plusieurs milliers de soldats donne bien du fil à retordre aux militaires birmans.

J'assisterai à la même tension sur d'autres régions de ce pays unique en Asie, avec toujours les sourires de la population qui tentent de cacher une misère sans limites.

Après le match de football, un homme à bicyclette vient spontanément me voir, me raconte que des membres de sa famille vivent près de Chicago aux États-Unis et que le gouvernement ne veut pas les laisser rentrer au pays.

Fin du jour, je retourne une nouvelle fois à mon logement de bois, dîner avec mes compagnons du gouvernement qui semblent plus que jamais s'ennuyer dans ce bled perdu.

Ma mission ici à Bhamo est terminée car je n'obtiendrai rien de plus, sinon jouer au football tous les après-midis. Je veux rejoindre la capitale du territoire kachin, Myitkyina à quelques cent quatre-vingts kilomètres plus au nord, sur une route défoncée et de jungle totale. « Pas question » me dit le capitaine, trop dangereux, il faut prendre l'avion qui passe vers midi, s'il y a de la place. Mais pour moi, pas de problème il y aura de la place, quitte à faire descendre quelqu'un de l'avion de gré ou de force. Je suis résigné, rien à faire, car je ne vais pas avoir la chance de dévorer les kilomètres de ces superbes régions du nord birman.

On m'emmène trois heures avant à l'aéroport, escorté comme d'habitude, car l'avion est à l'heure et le personnel militaire doit se camoufler dans les hautes herbes derrière les sacs de sable, au cas où ! Enregistrement, fouille. Une mitrailleuse est installée près de la piste sur une énorme jeep et je dénombre dix soldats déjà en place, fusil d'assaut en bandoulière.

Au *VIP room*, cabane de bois surmontée de tôles rouillées, je rencontre à nouveau le représentant de la Croix-Rouge. Il serait intéressant de prendre le temps de connaître cet homme peu ordinaire, suivre son parcours lors de ses missions dans toute la Birmanie des insurgés. Lui ne serait pas contre cette idée, mais inutile d'insister. Il prend l'avion comme moi vers Myitkyina et ensuite part dans les régions montagneuses où il doit visiter une femme amputée qui a récemment sauté sur une mine, posée par on ne sait qui.

Il doit regarder la blessure et préparer la jambe artificielle. Il en est déjà à sept cent soixante-trois amputations pour causes de mines antipersonnel de tous bords, et veut en réaliser mille avant de prendre sa retraite. Il me montre son couteau de chasse de type « Rambo » avec lequel il opérait jadis dans la jungle (et opère toujours en cas de première nécessité), et me montre par gestes comment il faut faire, avec explications à l'appui : terrible pour le patient à opérer dans la brousse !

L'avion est à l'heure, il n'y a pas eu d'escarmouche et c'est tant mieux car se faire « canarder » en plein décollage serait dangereux, voire catastrophique pour les gens à bord. J'en vois deux qui se signent, l'agent de la Croix-Rouge est impassible. Décollage réussi, beau temps et survol en vingt-cinq minutes de superbes paysages de collines, jungle et gorges séparant la Birmanie de la Chine.

Myitkyina, police, passeport mais ici pas besoin de laissez-passer pour la ville. Uniquement sur les extérieurs et grâce à la lettre de recommandation du Ministère du Tourisme de Rangoon, j'obtiens dans la soirée, par un colonel en charge de la garnison de la ville, l'autorisation d'aller en direction de l'ouest vers la ville de Mogaung. Présentement avec mon agent, notre direction est l'hôtel Popa, proche de la gare, hôtel réservé aux étrangers et aux VIPs.

Les Birmans, comme tous les asiatiques, sont fous de

football et l'on m'invite à voir le match Roumanie–Suède à quinze heures, arrosé de quelques bières d'importation chinoise. Cela devient une habitude, ce qui ne me déplaît aucunement. L'après-midi se termine sur les berges de l'Irrawaddy, avec mon accompagnateur qui ne me quitte pas d'une semelle. Au soleil couchant, l'eau se transforme en or, puis vermillon sur un ciel azur. Superbe !

Je remarque quelques Indiens dans un temple où les dévots chantent *Hare Krishna, Hare Rama, Hare-Hare…* Que font-ils jusqu'ici ?

Tin Htun, mon ange gardien, est très sympathique. Il est aux petits soins pour moi, trop dirais-je avec sa voix de fausset et ses airs de ne pas voir. Je l'imagine écrire chaque soir dans sa chambre son rapport sur moi avec son antique petite machine à écrire qu'il transporte dans un petit sac à dos. Mes habitudes, mes remarques, nos journées, les matchs de foot et les bons repas que je lui paie au quotidien depuis le début. Il ne se fait pas prier à table, mais attend toujours que je commence à manger. Ensemble on fait une petite prière et il aime cela, le respect à la birmane devant toute chose ou offrande.

Notre conversation du soir se base sur les journées à venir et surtout sur la providence avec la rencontre de ce colonel au regard affable qui, sans rien demander en échange, nous permet d'aller vers la ville de Mogaung, porte d'entrée vers les mines de jade impérial de Hpakant. Mogaung se trouve à quatre-vingts kilomètres de Myitkyina et j'ai encore droit à une escorte de cinq militaires et d'une ancienne jeep, de l'armée américaine cette fois, en parfait état de marche.

Je ne suis pas le premier blanc à venir dans le coin, les Anglais et les Américains sont passés par là en d'autres temps, les missionnaires aussi car le territoire kachin est à majorité chrétienne. Je suis seulement le premier voyageur étranger, sans business déclaré, à rouler sur la fameuse « Ledo Road », construite sous l'occupation japonaise en 1942 par les prisonniers de guerre à majorité britannique. Ceux-là moururent par milliers de malnutrition, infections ou paludisme dans les jungles épaisses des plateaux kachins et ce jusqu'à la frontière du Nagaland indien où les Japonais rêvaient d'entrer et de conquérir l'Empire des Indes.

Le colonel m'a assuré qu'il n'aimerait pas voir trop d'étrangers venir par ici, car cela apporterait la prostitution et la drogue. Il doit très certainement penser à la Thaïlande et ses hordes de touristes, les bars à prostitution de Bangkok ou Chiang Mai. Il est conscient aussi que les drogues dures sont un fléau dans le pays. En territoire kachin, Myitkyina tout comme Bhamo sont grandes pourvoyeuses d'héroïne et le commerce avec la Chine et la Thaïlande est très florissant.

Je me rappelle avoir vu un centre de désintoxication à Bhamo, en route pour l'école de danse. Quant aux prostituées, elles n'ont pas besoin de touristes pour exister. À l'hôtel Popa il y en a deux ou trois qui se saoulent quotidiennement au bar avec des clients bien birmans. Le réceptionniste de l'hôtel me dit le soir même, à voix basse, qu'il y en a beaucoup dans la mine de jade, pour la bonne cause des travailleurs qui doivent aussi se défouler et dépenser leur argent. Relents de « ruée vers l'or » et des récits de Jack London. Je suis impatient d'aller voir tout cela.

Chez le *township officer* dans un quartier proche de mon hôtel, de nombreux prisonniers enchaînés travaillent dans les jardins de la résidence avec le costume règlementaire blanc « toile de sac ».

Le 14 juillet 1994, direction Mogaung sur la route du jade impérial. Six heures de route en jeep, quatre-vingts kilomètres à parcourir dont trente d'asphalte et cinquante de boue, avec des ornières insensées. On traverse de très beaux paysages de jungle, le lac Indawgyi et sa pagode d'un blanc immaculé qui repose sur une petite île au milieu des eaux. On voit des papillons multicolores par centaines et quelques villages traditionnels de type népalais. Compte tenu des nombreux Gurkhas dans la région, il n'est pas étonnant de voir les gens porter les panières en rotin, sangle sur le front.

Changement de décors dès l'arrivée à Mogaung. Mes accompagnateurs militaires avec armes et bagages disparaissent rapidement de la circulation et disent à Tin Htun qu'ils nous attendront à notre hôtel. Les militaires sont mal vus dans le coin.

Avec mon chauffeur népalais et Tin Htun, direction le marché du jade car il y a souvent des ventes aux enchères sur la place publique. Malheureusement, la vente aux étrangers est interdite. Il faut être assermenté et détenir un permis spécial. Tout le monde me regarde au restaurant du coin où grouille une foule bigarrée de types très différents. Il ne passe jamais un étranger ici en dehors du type Birman, Indien ou Chinois et les peuples des collines naga ou kachin – pas d'Européens.

Lak-Pa, le chauffeur, me dit que Hpakant d'où est extrait le jade se trouve à près de cent kilomètres au nord-ouest, neuf heures minimum d'une route épouvantable qu'il a faite régulièrement pendant plusieurs années, emmenant des clients ou des marchandises. Je vois de nombreuses motos de type Honda 1000cc qui sillonnent la ville, et un convoi de camions partir dans le lointain ravitailler la mine où des centaines de personnes s'entassent dans des trous à rats en quête de la fortune.

Je tente le coup avec mes accompagnateurs de continuer la route dès le lendemain matin en direction de Hpakant. Je paie l'essence, les repas et des dollars en plus. D'un air amusé un soldat, pistolet-mitrailleur en main, me dit d'un signe de tête que non, il faudra revenir à Myitkyina demain sans délai.

Déçu oui, mais pas surpris. Ce n'est que partie remise.

Cette nuit à Mogaung ne ressemblait absolument pas aux autres passées en Birmanie depuis tant d'années. Je me serais plutôt cru en Thaïlande avec ses lumières – certes blafardes – et le bruit des gens qui sortent tard le soir.

Arrivée le lendemain à Myitkyina, je suis éreinté par les secousses dans la jeep aux suspensions inexistantes. Des kilomètres de cauchemar, une pluie énorme, plus moyen d'avancer par endroits, devoir pousser la jeep avec de la boue jusqu'aux genoux. Ce soir-là l'hôtel Popa était un vrai palace avec son eau chaude et un lit moelleux.

Jamais monsieur Tint Naung, le patron de Golden Express, ne m'a déconseillé d'aller dans certaines zones, même à risques. Il m'a toujours soutenu dans mes projets, me demandant de faire très attention en toutes circonstances malgré les autorisations spéciales que le gouvernement m'octroyait. La Birmanie en ces années de troubles était parfois peu sûre et tout pouvait arriver : bandits de grands chemins, guérilleros…

Avec Tin Htun et mon chauffeur népalais, nous partons le lendemain en direction de Myitsaw ou « *River Junction* ». Belle route ensoleillée, des villages où les marchés regorgent d'ananas, de pommes et même du raisin. Une vieille femme, à qui j'achète des fruits dans un petit marché et que je veux prendre en photo, se plaint que ses vêtements ne sont pas assez beaux, elle veut absolument se changer et montrer son beau costume kachin aux couleurs rouge et noir. Séance photo terminée, elle remet rapidement ses anciens vêtements. La majorité du peuple Kachin, surtout les femmes, a été irrémédiablement obligé de quitter le costume local et d'adopter la mode birmane. Ici le gouvernement, peut-être plus qu'ailleurs, a fait des dégâts sur la civilisation traditionnelle kachin.

Myitsaw apparait après une petite heure sur une très belle route de jungle, sur cette même route non asphaltée qui conduit quatre cent cinquante kilomètres plus loin vers Putao, dans le grand nord birman. Myitsaw est la jonction de deux rivières, à gauche la Maykha qui coule de l'Inde, à droite la Malikha qui elle, arrive du plateau tibétain.

Ces deux eaux mélangées donnent naissance au magique Irrawaddy, l'autoroute fluviale, le poumon économique du pays, la source de vie.

Un proverbe kachin dit que « celui qui se baigne dans l'Irrawaddy au confluent des deux rivières, reviendra pour toujours en ces lieux bénis ». Je ne me fais pas prier car la température à midi avoisine les trente-cinq degrés et, par la même occasion, je tiens absolument à revenir dans ces contrées le plus rapidement possible. Il y a tant de choses à apprendre, voir, sentir, s'imprégner et connaître...

En saison sèche, beaucoup de rochers et bancs de sable émergent des eaux transparentes. Quelques chercheurs d'or se cachent en apercevant les militaires qui m'accompagnent. En Birmanie il est interdit – quoique toléré – de tamiser sur les berges, les sables aurifères et de collecter de fines pépites d'or. Richesse non déclarée, travail obligatoire assuré. Ces paysages me rappellent ceux de l'Arunachal Pradesh en Inde, près des berges de la Siang River qui descend elle aussi du Tibet et devient dans la plaine le grand et majestueux Brahmapoutre.

Emprise étrangère

Au début du XXIe siècle, un projet hydroélectrique de plusieurs barrages sur l'Irrawaddy, financé par la Chine, prenait naissance dans la région sans un vrai consensus avec les autochtones.

Certes il faut bien comprendre que la Birmanie d'aujourd'hui a un besoin immense en électricité, mais il ne faut pas se leurrer, si le projet suit son cours, les mégawatts iront très certainement de l'autre côté de la frontière pour une société chinoise avide d'énergie et qui ne respecte pas les sociétés civiles, là où elle construit ses méga-projets étrangers. De nombreux Kachins, tout comme les défenseurs des droits de la nature, sont contre ces barrages. Des heurts ont eu lieu et le gouvernement a dû faire marche arrière.

Le peuple Kachin, aujourd'hui encore, a ses velléités d'indépendance intactes et chacun, Chinois compris, devra faire peau neuve pour que ne s'éteigne la beauté de ces régions superbes de calme et de majesté. Le désir de toute une région de diriger elle-même ses affaires intérieures, sans l'obligation de suivre Rangoon ou Pékin, est fortement ancré dans les mentalités locales.

Il a été louable de la part du président birman Thein Sein de noter un changement radical dans l'approche politique des régions du nord du pays. En 2011 son gouvernement décidait de faire marche arrière et de protéger les régions du nord de la déforestation rapide, avec l'arrêt du projet de barrage de Myitsone pour des raisons environnementales, et un impact négatif sur la vie des populations riveraines tout au long du cours du fleuve Irrawaddy.

Le grand nord birman

Il m'a encore fallu beaucoup de patience pour qu'en 1996, j'obtienne enfin l'autorisation d'aller vers le grand nord birman. Découvrir la ville de Putao d'où l'on peut contempler les parois massives des dernières montagnes himalayennes dont le fleuron, le mont Hkakaborazi culmine à près de six mille mètres.

Dans leur velléité passagère de se diriger vers une économie touristique qu'elles aimeraient plus florissante, les autorités birmanes m'ont fait plusieurs fois des cadeaux de ce genre, aller « là où les autres ne vont pas » ou tout du moins, être parmi les premiers ou le premier à poser le pied dans des territoires vierges de tourisme.

Par hasard chez un bouquiniste de trottoir – comme il y en a beaucoup proche de la pagode Sule à Rangoon – j'avais lu dans un vieux journal de la *Burma Research Society* daté de 1969, un article d'une expédition scientifique birmane en 1966. Il relatait les recherches concernant un peuple pygmée vivant sur les derniers contreforts himalayens de l'Asie dans la vallée de l'Adung, à l'extrême nord du pays.

La Burma Airways serait dès le départ mon meilleur allié, la seule compagnie à aller vers ces zones montagneuses via Mandalay, Myitkyina, pour arriver dans l'après-midi à Putao, capitale de district du nord kachin. Ville campagnarde sans parfum particulier, si ce n'est une nature environnante grandiose, bouquets de bambous immenses, forêts denses accrochées sur des

125

collines, rivières et torrents aux eaux claires. Putao est le point de départ des expéditions ou marches au long cours vers les dernières montagnes himalayennes. Comme à Bhamo ou Mogaung, il n'y a pas d'étrangers. La route passablement goudronnée qui va de l'aérodrome à la ville traverse des marécages. Mon accompagnateur U Thet Aung, venu cette fois-ci de Rangoon, est aussi excité que moi car il n'a jamais voyagé dans la région. Qu'à cela ne tienne, il parle birman et anglais et c'est le plus important pour moi. De la petite auberge qu'il a trouvé en ville, nous passons le reste de l'après-midi au marché local où les peuples des collines viennent échanger plantes médicinales et bois odorants contre sel, casseroles et vêtements.

Ce voyage ne sera pas une expédition pour aller au camp de base du Hkakaborazi. Dieu sait que j'aimerais pourtant, mais je n'ai pas l'équipement et le temps nécessaires. Je privilégie une assez longue marche de moyenne altitude, direction plein nord et la vision rapprochée des dernières hautes montagnes de l'Himalaya et les derniers villages perchés des peuples Lisu, Rawang et Taron, à quelques encablures du Tibet. Avant cela il y a de nombreux jours de marche entre collines et vallées, gorges aux torrents impétueux, longs ponts suspendus en rotin et quelques villages traditionnels. Par endroits on se croirait au Népal en route pour le tour des Annapurnas, longeant la rivière Marsyandi. Le reste de la Birmanie paraît si loin vu d'ici. La côte du Tenasserim est à plus de deux mille sept cents kilomètres de là !

Mon compagnon birman n'est plus aussi enthousiaste que moi pour partir à l'aventure. Ce n'est pas un véritable marcheur, mais il a ordre de m'accompagner. Les porteurs, nous les trouverons dans les villages dès qu'il n'y aura plus de tracé possible pour la jeep.

Un guide local est nécessaire pour l'expédition. Hteedan, rencontré chez le *township officer*, semble le guide parfait. Natif d'un village rawang des collines, il connaît la région nord et les villages sur la zone. À partir de ce jour, c'est lui qui s'occupe de trouver un véhicule pour aller le plus au nord possible, acheter les provisions pour l'expédition car rien n'est simple dans le coin, pas grand-chose à acheter. Il nous faut aussi des tentes, en cas de mauvais temps, nous obligeant à écourter une journée de marche et dormir en pleine jungle.

Tôt le lendemain matin, le permis de séjour signé par un commissaire de police, nous faisons route en jeep vers Mashambaw, chef-lieu de district et quartier général des forces frontalières. Le village est atteint deux heures plus tard, dû à un éboulement au bord de la rivière Malikha. Les pluies dans la région sont quotidiennes et Hteedan nous promet aussi beaucoup de boue sur les chemins forestiers. La progression est rendue difficile par de nombreux obstacles mais nous arrivons en fin de jour au village de Gawlehtu, là où la route s'arrête.

Comme à l'accoutumée chez les peuples montagnards, les maisons du village se font face, bâtisses sur pilotis en bois ou bambou avec une terrasse devant pour les travaux au quotidien, chaume du riz en guise de toit. Nous passons la nuit chez le chef du village, sous les regards étonnés des enfants qui s'agglutinent les uns contre les autres au-dessus de mon épaule pour mieux voir ce que j'écris ou regarde. Devant les collines, les champs de riz s'illuminent au soleil couchant. Les hommes ramènent le petit bois pour la cuisson du soir, les femmes préparent la cuisine ou lavent dans une bassine d'eau froide le nouveau-né, dont les cris ne semblent pas attendrir l'entourage. Une petite église au fond du village trône sur une butte, le bouddhisme n'a pas d'adeptes dans le coin.

Le lendemain, une mule est louée pour transporter sacs et vivres le long des gorges de la Malikha. Les rizières du début de la marche font rapidement place à la forêt secondaire, puis primaire. Le chemin monte raide par endroits. Suivent des ravines et des surplombs de la rivière où la mule doit être tenue fermement pour ne pas se laisser gagner par le vide. Eau cristalline qui serpente entre les collines, pas de villages, juste quelques cabanes dans de petits champs où la population vient travailler à la saison sèche. Chasser le gibier aussi, abondant dans cette partie du pays qui recèle une biodiversité végétale et animale d'une très grande richesse. Témoins les innombrables chants d'oiseaux çà et là au-dessus de nos têtes qui feraient certainement le bonheur d'ornithologues amateurs ou professionnels.

Après neuf heures d'une marche soutenue, nous atteignons le village de Pangnamdin et ses quelques habitants d'un âge avancé. Tous les jeunes sont descendus dans les vallées trouver du travail ou employés d'office pour un salaire de misère par les sociétés chinoises. Celles-ci déboisent certaines parties du territoire kachin pour ses essences rares, ou cherchent l'or qui abonde dans les rivières.

La forêt primaire de l'état kachin est considérée comme la plus riche de toute l'Asie du Sud-Est continentale. C'est aussi l'une des plus méconnues. Des expéditions depuis les années cinquante, anglo-birmanes pour la plupart, ont permis d'identifier des dizaines d'espèces animales, comme la biche–feuille ou le takin alors inconnus, oiseaux non répertoriés, toucans au bec jaune ou rouge, papillons multicolores grands comme la main, tigres et éléphants. Côté flore, l'orchidée noire est unique au continent, mais il faut pour cela pénétrer un univers forestier déroutant d'arbres et de branches tentaculaires comme une immense toile d'araignée sans fin. Le paradis pour un botaniste.

Combien de temps encore ce sanctuaire naturel continuera-t-il d'exister. La déforestation, qui a déjà dévasté de très grandes zones aux quatre coins du pays, menace depuis deux décennies la forêt primaire kachin. L'exploitation du bois à grande échelle y est active depuis le début des années quatre-vingt-dix, mais la pression s'est accrue depuis l'an deux mille. Un peu au sud de la ville de Myitkyina, des routes frontalières sont construites pour permettre le transport des grumes vers la Chine qui est devenue, en quelques années, le plus gros importateur mondial.

Sur la frontière entre les deux pays, bien à l'abri des regards des curieux occidentaux, des scieries débitent les énormes troncs en provenance de la forêt primaire. La Chine, qui a interdit voilà plus de vingt ans la coupe du bois dans dix-huit de ses provinces après les inondations de la haute vallée du fleuve jaune, le Yang Tsé Kiang, a trouvé plus commode de se servir chez son plus proche voisin, au mépris de l'éthique et de l'écologie la plus primaire. Il est donc très clair que ce sont des millions d'habitants des vallées de l'Irrawaddy qui risquent à moyen terme de devoir payer le prix de la déforestation en haute Birmanie, avec pendant tout ce temps, l'assentiment des militaires birmans.

Espérons que le nouveau gouvernement dirigé par la Ligue Nationale pour la Démocratie saura faire la part des choses et protéger coûte que coûte ses frontières d'un géant voisin aux mains cupides.

Au petit matin du jour suivant, un bison himalayen me réveille en fanfare par sa course effrénée derrière la maison sur pilotis. Deux hommes cherchent à l'attraper pour l'attacher à un pilier au centre du village, car dans quelques jours a lieu une cérémonie avec des membres d'autres villages à l'occasion de la fin des récoltes. La bête sera sacrifiée dans l'allégresse générale, et pour le peuple ce sera la plus belle occasion de manger de la viande à volonté. Mêmes coutumes que chez les Apatanis de l'Arunachal Pradesh indien. Je n'y assisterai pas car le chemin est encore long pour pénétrer les montagnes et aller vers le dernier village himalayen birman de Aroomdum, proche du géant Hkakaborazi.

Ce jour-là, nous traversons la passe de Waipi Razi à

deux mille cent mètres d'altitude dans une belle jungle de semi-altitude, où les arbres décrivent des arabesques folles entre terre et ciel. Par endroits, la végétation sous les frondaisons me rappelle la forêt des brumes de Papouasie occidentale avec ses mousses, épiphytes, orchidées noires très rares et où le bruit du pas s'étouffe dans le silence de la forêt. Cela n'en est que plus beau, l'instinct prend le dessus sur la réalité physique, l'effort disparaît devant la beauté sublime du paysage devant mes yeux. Et pourtant ça grimpe dur dans certaines côtes où l'on glisse : deux pas en avant, trois pas en arrière. Dans l'après-midi la pluie fait son apparition et l'on se retrouve vite trempé et grelottant au bout de quelques minutes.

J'ai l'habitude de la marche, des trekkings en toutes situations et Theedan le guide connaît aussi parfaitement ce genre de journée. Le propriétaire de la mule doit tous les cinquante mètres tirer sa bête et nous devons parfois participer à l'effort. Quant à Aung, cela devient difficile pour lui dès que le chemin accentue sa pente. Je dois constamment l'attendre, ce qui nous retarde, mais bon il n'y a pas le choix, nous sommes embarqués dans la même aventure.

Le village de Ngawa est le bienvenu en fin d'après-midi du troisième jour. Neuf heures de marche dont quatre sous une pluie battante et en cadeau des sangsues par centaines. Je suis assez fatigué d'avoir attendu Aung les trois quarts du temps. Il a les pieds couverts de sang au moment où il enlève ses chaussures dégoulinantes d'eau. Je le sens paniqué, lui le secrétaire citadin de Rangoon. À cet instant je ne donne pas un kyat qu'il ira plus en amont de l'aventure. Theedan, qui est un excellent cuistot et un champion pour remonter le moral des troupes, nous concocte une soupe de courge bien épicée et un énorme plat de pâtes à la sauce tomate.

Ngawa ressemble comme deux gouttes d'eau au village précédent avec ses huttes en bambou et toits de chaume, hormis le fait que l'on a dû traverser un long pont en rotin brinquebalant où manquaient plusieurs rondins à mi-course, au-dessus d'un torrent assez tumultueux. Je remarque que les maisons sont plus petites et que les quelques habitants, de style très tibétain, sont beaucoup plus petits qu'au village de Pangnamdin. Pas grand monde dans le coin, mais une école bien entretenue, sans élèves. Quelques femmes portent le costume traditionnel kachin, certains enfants sont en haillons. Les hommes sont partis à la chasse au léopard quelque part dans les immenses collines. Je vois un vieil homme assis devant sa maison, habillé d'une peau de léopard aussi vieille que lui.

Les hautes collines et gorges cachent les montagnes neigeuses qui apparaissent par instants entre les nuages ou au détour d'une mini vallée. J'espère en secret être devant ce spectacle de hautes montagnes neigeuses, plus au nord du village, dans trois jours si tout va bien. Je persuade Aung de rester positif et lui demande de garder son moral intact devant les belles visions alpestres de son pays. De plus, nous attendre des jours dans ce bled perdu des collines, où il n'y a rien d'autre à manger que du millet et un peu de maïs, sera bien plus difficile que d'atteindre les hautes vallées des Tarons, au pied de l'Himalaya. Le bon repas et quelques gorgées de whisky auront un effet positif sur lui.

Les gens sont bouche bée au village, en nous regardant manger de la nourriture inconnue pour eux. Les enfants sont apeurés par mes faits et gestes et ils inspectent de près mon matelas gonflable pour dormir et mon sac de couchage. Beaucoup se grattent la tête, signe de poux virulents et d'un bain tous les trente-six du mois. Sur ce, je fonce me laver dans une eau déjà glacée descendue tout droit du Hkakaborazi.

La nuit est presque tombée que nous voyons arriver quelques soldats dans notre demeure. Ils sont kachins, d'un poste de police militaire à la frontière chinoise sur la passe de Thala L'Ka. Ils redescendent un malade jusqu'à Putao, à pied. Le gars est fiévreux et paraît très fatigué, sans force. On leur fait de la place pour se réchauffer, mais ils iront dormir ailleurs dans une autre hutte car la nôtre est trop petite. Sans trop savoir ce qu'a le jeune homme, je lui donne du paracétamol pour faire descendre la fièvre. Il me rappelle le soldat du Rocher d'Or…

Le lendemain matin, sous un soleil rayonnant, nous entamons notre quatrième jour de marche avec quatre porteurs rawangs du village car les mules ne peuvent plus suivre le trajet vers les hauteurs. De nombreux ponts de lianes sont à traverser au-dessus de la rivière Nam Tamai. Certains de plus de cinquante mètres de longueur, en forme de U, c'est-à-dire qu'au départ du pont sur la berge, les lianes sont solidement amarrées à de hauts pieux en bois, et au fur et à mesure que l'on avance à pas mesurés vers le centre du pont, la pente est nette et ça bouge dans tous les sens. Gare au vertige ou tout simplement à la peur de tomber dans un torrent tumultueux aux eaux glacées. Je ne faisais pas le fier ce matin-là, et mon compagnon de Rangoon encore moins que moi. Theedan me dit qu'il y en a encore beaucoup à passer du même genre avant notre arrivée à Aroomdum, dans trois ou quatre jours si tout va bien.

Montées et courtes descentes, ça glisse énormément à cause des pluies de la nuit et les sangsues s'en mêlent encore. Pourtant nous sommes à deux mille mètres d'altitude. Ces bestioles ont la vie dure, des suceuses endiablées qui nous attendent sur le bord du chemin où nous sommes des proies de choix. Près de vingt-cinq kilomètres de marche soutenue encore, et mon gardien de Rangoon tient le choc sur les ponts, les côtes et les descentes. De plat, très peu, seulement au bord de la Nam Tamai qui déroule son écume blanche lorsqu'elle se fracasse sur les rochers au milieu de la rivière. Pas âme qui vive dans le coin. J'ai juste aperçu quelques champs de millet bien accrochés à la montagne, comme en perdition. Signe que les Rawangs ou Tarons sont des peuples très isolés, qui empruntent des pistes où personne ne passe jamais, car très loin de tout.

Je suis une fois de plus dans un autre monde avec l'impression d'être le premier occidental à fouler ces chemins depuis les militaires anglais ou birmans. Plus je marche, plus j'avance, plus je suis heureux et au pic de ma forme. Hteedan lui, est identique au jour précédent. Il marche comme un automate, une machine bien huilée, et il n'est jamais fatigué.

Nous atteignons le village de Gawai un peu plus tôt que d'habitude, permettant de faire un brin de toilette sous les derniers rayons du soleil qui lèchent les bordures des collines boisées. Notre gîte du soir est plus grand qu'à l'accoutumée et le chef de famille un personnage joyeux qui passera une grande partie de la soirée à nous faire boire du vin de palme bien mousseux.

Les peuples des montagnes, comme c'est souvent le cas entre Inde, Népal, Tibet, Birmanie et Laos ont le gobelet facile et les alcooliques au tuak sont légions. Gare au voyageur qui se risque à suivre leur rythme, car la tourista et le mal aux cheveux sont assurés le lendemain matin. Et plus on va vers le nord, plus les habitants sont sales, les enfants culs nus et sans chaussures. Un bonbon leur ferait sûrement très plaisir, mais je n'ai pas vu beaucoup de magasins depuis le départ de Mashambaw.

Le matin du cinquième jour, tôt, j'aperçois les montagnes enneigées près d'un pont suspendu précaire. Hteedan me dit que c'est le massif du Hkakaborazi, là devant nous. Je suis très heureux d'entendre cela, une part de mes rêves birmans passait par cette vision de la plus haute montagne himalayenne du pays, dernier chaînon de cet immense massif qui commence en Afghanistan et finit là, devant moi. Le Hkakaborazi est le plus haut sommet d'Asie du Sud-Est, à 5881 mètres. Peu de gens le savent, et encore moins où il se trouve. J'ai cette chance d'être là, seul.

En remontant vers le village de Tazungdam, nous changeons de vallée et de rivière. Les gorges se font plus resserrées à l'approche du cours tumultueux de l'Adung Long. Une forêt épaisse est traversée sur un versant pentu, où des échelles de bambou sont parfois posées contre les rochers. Les porteurs excellent sur les troncs glissants malgré le poids des bagages sur le dos. Leurs pieds collent littéralement au sol comme des ventouses et me rappellent les porteurs papous lors des expéditions indonésiennes.

Fougères, bananiers géants aux troncs d'un violet criard, épiphytes au sommet des arbres, mousses et lichens sont au menu de la journée. Oiseaux de toutes tailles aux plumes colorées, quelques singes hurleurs dont c'est le tour de garde et qui alertent les autres pensionnaires de la forêt de notre prochain passage. Des mouchards en somme, à près de deux mille cinq cents mètres d'altitude.

Hteedan nous promet une arrivée après-demain en fin d'après-midi à Aroomdum, terme de notre périple. Mais il va falloir être costaud demain pour traverser des pans de hautes collines où la marche est précaire sur un sentier parfois invisible. Pour l'heure nous rejoignons le petit hameau de Tazungdam au confluent de plusieurs torrents. Quelques huttes sur pilotis, une population quasi inexistante et une église. Il y a des Kachins anglicans en ces lieux. Le village est vide la journée, les familles sont aux champs et les hommes partis à la chasse ou la cueillette.

Le repas du soir, servi par notre guide, est comme d'habitude succulent. Avec un rien Theedan fait des miracles, une vraie perle ! Si je résidais dans le nord birman, je le prendrais de suite comme intendant à la maison.

La nuit est froide et humide malgré un bon duvet, le vent s'engouffrant dans la mince vallée où est posé le village de Tazungdam.

Tôt le lendemain matin, au sixième jour de marche, nous devons partir pour la journée la plus difficile du voyage, même si le prochain village de Tashuhtu est juste à quinze kilomètres. Il nous faudra plus de dix heures de marche sévère pour atteindre Tashuhtu, à la nuit tombée, en passant par certains ponts suspendus dépourvus de plancher, accrochés aux lianes de rotin servant de main courante. Chemin précaire taillé parfois dans la falaise, boue, versants pentus, descentes au milieu de bananiers géants et bambous nains pour découvrir, heureux, le village de Tashuhtu. Celui-ci a des airs de camp de vacances après la journée infernale sous une pluie battante et le vent dans les gorges. Mais ô miracle, peu de sangsues !

Hteedan connait quelqu'un dans ce village perdu, et sa maisonnée est un havre de bonheur auprès d'un feu bienfaiteur. Aung et moi-même sommes fourbus, pas de toilette ce soir. Nous avons eu notre dose avec la pluie toute la journée, il fait froid et humide et les jambes ne suivent plus. Le repas ce soir-là a du mal à passer, dû principalement à la fatigue. À huit heures du soir tout le monde dort du sommeil du juste.

Il nous reste environ une douzaine de kilomètres en ce septième jour de marche pour atteindre le village de Aroomdum en traversant à gué la petite rivière Tali Wang, suivre le cours de la rivière Adung Long, et enfin retraverser la rivière Long Badiwang pour atteindre assez facilement la petite vallée où niche le village.

Nous sommes à près de mille huit cents mètres d'altitude et, en ce début d'après-midi, le soleil est bienfaiteur, la température agréable. J'aperçois de la neige sur les sommets, tout au plus à vingt kilomètres à vol d'oiseau.

Aroomdum, terme de notre périple où nous allons enfin pouvoir nous reposer. Nous pensons rester tout au plus trois jours, pour découvrir ce village pas comme les autres et les environs immédiats. Sur le coup, avec la vision des montagnes si proches, je n'aurai pas de mal à vouloir continuer pour être vraiment au pied des géants granitiques, mais la réalité me rattrape. Je ne suis pas seul et il était convenu que nous irions jusqu'au dernier village connu du nord birman.

Je suis en territoire taron, micro peuplade de moins de cent habitants vivant dans la vallée de Taron Wang, apparentée au peuple Rawang mais différenciée des autres villages en aval par son dialecte. Je pensais que les Tarons étaient d'origine tibétaine car la frontière est très proche. Pas du tout, ils sont d'origine mongole ayant émigré dans les montagnes depuis de très nombreuses générations à la recherche de nouveaux territoires de chasse, à une époque où le groupe vivait essentiellement de chasse et de cueillette. Plausible aussi par obligation et parce qu'ils avaient été poussés à traverser la passe de Thala L'ka pour se protéger d'un ennemi ayant pris sa place sur les hautes terres chinoises. J'appris bien plus tard que le peuple Taron s'était retrouvé en quelque sorte prisonnier dans une région où plusieurs secousses sismiques furent très violentes de 1949 à 1951, à l'image du terrible séisme en Assam, en Inde, le 15 août 1950, de magnitude 8,2 sur l'échelle de Richter. Il a eu un impact certain sur la population Taron coupée du monde par d'énormes éboulements.

Vingt-quatre heures après notre arrivée au village, je découvre mieux l'environnement, les collines déboisées servant à planter millet, maïs et autres tubercules, qui contrastent avec les villages précédents. Les Tarons et leurs proches cousins Htalus sont des agriculteurs.

Du petit article découvert chez un bouquiniste de Rangoon, parlant d'une tribu pygmée, je me retrouve au milieu d'une population dont le plus grand spécimen doit avoisiner un mètre quarante-cinq. Une femme qui me côtoie ne doit pas faire plus d'un mètre vingt. Je suis un géant à côté de lilliputiens.

Comment expliquer qu'un seul village et quelques petits hameaux limitrophes aient pu conserver une si petite taille, si ce n'est par mariage intramuros, consanguinité entre les membres du clan qui se ressemblent tous. Deux ou trois personnes ont des goitres, preuve que la nourriture est pauvre en sels minéraux. Pas de magasins alentour ; le sel, le sucre et quelques ustensiles ménagers doivent être apportés à dos d'homme et troqués contre des plantes médicinales ou bois odorants de la forêt qui serviront à fabriquer des onguents. À la fonte des neiges, la chasse au cerf musqué est aussi pratiquée pour récolter les précieuses glandes.

Les hommes utilisent arc et flèches empoisonnées pour aller à la chasse et n'hésitent pas à partir de nombreuses journées en haute altitude pour rapporter chamois, bouquetins et renards repérés par les traces dans la neige fraîche. Je ne connais pas en Asie de peuple pygmée identique aux Tarons, si ce n'est le peuple Eipo dans les hautes terres de la Papouasie indonésienne. Les Tarons sont encore plus petits que les Eipos, d'au moins cinq à dix centimètres. Pourtant ils sont costauds, râblés et paraissent bien nourris. Comme quoi le maïs, le millet, quelques plantes comestibles de la jungle et un surplus de viande de temps à autre profitent parfaitement au pedigree des petits hommes des montagnes.

J'apprends que le village d'Aroomdum n'est pas le dernier village septentrional de Birmanie. Il existe un autre village à quelques petites heures de marche en suivant la rivière Adung Long de l'ethnie Htalu : le village de Tahawndum. De plus il paraît en droite ligne sur le chemin du camp de base du Hkakaborazi. J'en parle à Hteedan car j'aimerais bien aller voir ce dernier village, me sentir plus proche de l'énorme masse et peut-être apercevoir le vrai sommet et les glaciers.

Sept heures de marche aller-retour, banco ! Hteedan et un local acceptent de faire le trajet avec moi, moyennant une rallonge financière. Pour le guide local taron, je suis une manne tombée du ciel car avec cet argent il pourra très certainement acheter quelque chose d'important pour sa famille. Aung restera au village car il sait que je rentre le soir même et que je suis bien accompagné.

La soirée fut bien arrosée de vin de palme, whisky et beaucoup de questions furent posées sur le devenir de ce peuple Taron pygmée qui disparaîtra très probablement dans sa physionomie actuelle, à cause de mariages interethniques, l'arrivée timide d'un modernisme avec peut-être un beau jour une route vers les confins du pays.

Notre chef de famille, Aphan Rae Hpone, me demande pourquoi je n'ai pas apporté de coupe-coupe, couteau ou perles pour les décorations de fêtes. Heureusement que j'ai un beau couteau suisse, que j'offre avec plaisir au chef qui regarde ce présent avec circonspection au premier abord. Tant de lames, de pics, de lime sur un seul couteau est étonnant. Ce qui lui plaît le plus au premier abord est la croix sur le couteau d'un rouge écarlate. Il est finalement très heureux et le range très vite dans son sac, dans un coin sombre de l'unique grande pièce où il n'y a pratiquement aucun meuble pour le rangement. Tout est suspendu sur des piquets de bois accrochés par des cordes. Je donne à son épouse non pas des perles, je n'en ai pas, mais un beau sarong batik indonésien très coloré qui semble lui faire très plaisir et qu'elle va porter autour de son cou toute la soirée.

Aphan nous apprend que parfois il se rend au Tibet par une passe le long de la rivière Nam Htamai au village de Gyee Htay pour échanger des marchandises avec les Tibétains ou Chinois du village. Preuve que le troc en ces régions perdues de l'Asie est encore bien établi aujourd'hui et reste l'unique soupape de survie pour le peuple Taron. Je ne peux dire si ce peuple est attachant, mais il est unique et à ce titre se doit d'être protégé et compris dans ses racines premières, son ensemble de vie.

Le lendemain matin de bonne heure, nous partons avec Hteedan, le pisteur taron et moi-même sur le chemin de Tahawndum. À trois c'est plus simple, pas de portage, de traînard, juste le casse-croûte de la journée. Moins de quatre heures de marche assez rapide sur un chemin pas trop pentu, hormis quelques ravines glissantes où il a fallu faire attention de ne pas tomber dans la rivière en contrebas. Vision du paysage quasi bouché par la végétation et d'épais nuages qui s'enroulent autour des collines et des montagnes.

Nous arrivons peu avant dix heures au dernier village du nord Birmanie. Je pense à ce moment-là au dernier village du sud du pays, que j'ai traversé via la frontière thaïlandaise un beau jour de 1997 pour aller préparer un documentaire sur le peuple Selon, les derniers gitans de la mer birmans. Deux mille sept cents kilomètres séparent ces deux villages, preuve s'il en est que la Birmanie est un grand pays, très étendu et très diversifié.

Tahawndum est battu par les vents et pourtant nous ne sommes pas très haut, deux mille huit cent cinquante mètres tout au plus, et je n'aperçois pas les montagnes. Le temps est gris, un petit crachin persiste et nous nous mettons à l'abri dans une petite maison de bois, sans fenêtres, pour éviter le froid. Le feu crache sa fumée et il faut s'asseoir vite fait pour ne pas mourir étouffé. Notre guide local connaît bien le village, les Htalus sont proches cousins des Tarons et quelques femmes d'Aroomdum ont été choisies ici à Tahawndum moyennant la sacro-sainte dot de mariage. Et ce qui est très étonnant c'est que les hommes ici sont beaucoup plus grands que les Tarons, à plus de trois heures de marche à peine. Je pense que ceux-ci sont d'origine tibétaine, ce qui peut expliquer leur plus grande taille.

Il faut penser à retourner à Aroomdum car le mauvais temps nous guette dès midi. Mon rêve de caresser du regard le sommet du Hkakaborazi est à repousser aux calendes...

Ce n'est déjà pas si mal d'être arrivé jusqu'ici sans problèmes et sans tracasseries policières comme ce fut si souvent le cas dans le passé. Nous rentrons à la nuit tombante et je retrouve mon compagnon Aung qui commençait à se faire du souci pour nous.

Dernière nuit passée chez nos amis tarons qui nous regardent sans mot dire nous éloigner le lendemain matin. Un jour identique aux autres reprend ses droits dans ce coin perdu des montagnes, et pour notre équipe il faut refaire exactement le même chemin en sens inverse, pas plus facile, jusqu'à Machambaw et Putao. Chemin long et aussi fatigant que les premiers jours avec un Aung qui n'avance pas. La nourriture commence à manquer et nous mangeons de plus en plus souvent du maïs bouilli acheté dans les villages traversés.

Au final, un périple de seize jours que Aung et moi-même ne sommes pas prêts d'oublier, mais pour des raisons différentes. Aung est rentré très fatigué à Rangoon, jurant de ne jamais retourner dans les montagnes. Quant à moi, j'avais aussi une dent contre la montagne, elle ne m'avait pas permis de contempler le dernier plus haut sommet de l'est himalayen.

Ce n'est que l'année suivante que j'apprendrai qu'en 1996, le japonais Takashi Ozaki et le birman Nyima Gyaltsen vaincront le sommet du Hkakaborazi. Je les ai manqués de peu et si le destin avait voulu nous faire rencontrer, je serais peut-être allé avec eux, au moins jusqu'au camp de base.

Terre de jade et de rubis

1998, enfin les chemins de Hpakant sont ouverts. Au compte-gouttes certes, mais j'ai en poche une autorisation en bonne et due forme de la Myawaddy Agency, organe du parti militaire, pour me rendre dans la plus grande mine de jade connue en Asie du Sud-Est.

Retour à Myitkyina, la capitale du territoire kachin, et route vers Mogaung une nouvelle fois mais pas encadré par une armada de militaires cette fois-ci. Je voyage seul avec un chauffeur dépêché par une agence de voyage locale. Nous empruntons la Ledo Road à nouveau, voie de communication qui devait permettre aux forces japonaises de relier l'Empire du Levant à l'Empire britannique des Indes. Elle n'a pas beaucoup changé je pense depuis 1942 : tracé précaire en pleine jungle, boue, ornières, éléphants sauvages que je découvre au détour d'un virage.

Arrêt soudain du chauffeur, qui a flairé rapidement le danger et commence à faire marche arrière. Il sait que sa petite Toyota ne ferait pas le poids devant ces mastodontes en colère, certains en plein milieu de la chaussée. Nous reculons de deux cents mètres au moins et l'attente commence. Quand vont-ils se décider à quitter le chemin pour chercher leur repas dans la jungle ? Nous avons bien attendu une heure avant que le danger ne soit totalement écarté.

Toute la journée, nous allons rouler lentement et je suis « bluffé » par les prouesses du chauffeur et de sa petite Toyota qui saute littéralement dans les ornières et ne se laisse pas prendre au piège de la boue. Il est certain qu'il connaît bien les difficultés du parcours.

Nous arrivons à Hpakant de nuit après cent soixante kilomètres d'aventure, non sans avoir aperçu de loin les lumières de la cité du jade. Et quelle cité !

Dès l'entrée dans les faubourgs, ça grouille dans tous les sens, façon bidonville fait de tôles, de bâches et de contreplaqué. Un seul établissement correct, l'hôtel Jade City, qui porte on ne peut mieux son nom, tenu par un Chinois, cela va de soi. On ne se sent pas en Birmanie ici, ni même en territoire kachin. Hpakant est un melting pot de populations hétéroclites, visages multiples dont on a beaucoup de peine à déchiffrer la provenance. Des va-et-vient incessants dans cette petite ville bigarrée de travailleurs en quête d'un contrat avec une société d'exploitation, ou des particuliers par centaines, tentés par l'appât du gain et qui vont s'agglutiner dans les camps des faubourgs.

Au contraire des travailleurs qui forment le petit peuple, il est intéressant de croiser nombre de Birmans avec des motos Honda de très gros calibre. On les appelle les « lopan » en jargon birman. Ce sont les commerçants, les entremetteurs, ceux qui achètent et vendent. Ils sont pour la plupart birmans mais de descendance chinoise. Certains sont chefs de mine, ceux qui décident avec les clients, représentent le gouvernement, les militaires.

Il n'y a pas de marché du jade ici, pas comme à Mogaung des années auparavant. À Hpakant on extrait le jade, la vente se fait ailleurs. J'ai cependant mon chauffeur pour circuler dans la ville et les extérieurs, là où les collines verdoyantes de jungle font place à une découpe savante de la roche où des dizaines de travailleurs, adossés contre les parois, s'affairent comme des fourmis. Parfois résonne le bruit de la dynamite en souterrain.

Sur ces collines savamment découpées, je m'attendais à voir la couleur verte du jade affleurant l'extérieur, comme en d'autres temps dans les mines de turquoise de Khorasan en Iran. J'ai été déçu car la roche, ici comme ailleurs, est soit terne, soit jaunâtre avec une armada de travailleurs posés sur de petites arêtes avec barres à mines en main, pelles et pioches, cordages fixes en cas de chute. Le jade lui est à l'intérieur de blocs de roches qu'un novice serait incapable de déceler à la première approche. Les blocs, repérés dans les falaises susceptibles d'être composés de la précieuse matière verte, font l'objet d'une fouille minutieuse, qu'une équipe spécialisée viendra ensuite extraire de la falaise à la dynamite.

Un beau jour de 1995, j'ai été invité par monsieur Tint Naung et le SLORC (la junte militaire), à me rendre à Hpakant après la découverte sur place d'un énorme rocher de près de cent vingt tonnes contenant une richesse fabuleuse de jade.

Étonnante invitation ! Je dois bien avouer ma surprise d'être invité par le gouvernement birman pour une telle cérémonie, à laquelle je n'ai finalement pas participé, mais au final peu de regrets car j'imagine largement la scène. Moi avec mes amis birmans assis bien sagement, quelques personnalités du monde diplomatique, civils birmans triés pour la circonstance, militaires et enfin discours passionné auquel je n'aurais strictement rien compris.

Mais de cette invitation, j'ai pris la mesure de l'importance de monsieur Tint Naung avec la sphère du pouvoir birman. Il est d'origine chinoise, ses ancêtres arrivés du Yunnan se sont installés à Rangoon et Mandalay sans faire de tapage. Ils ont ouvert un petit commerce avec pour finalité les affaires, le tourisme et les pierres précieuses. Aujourd'hui, monsieur Tint Naung dirige avec quelques associés une petite concession de rubis à Mogok, ce qui n'est pas permis à tout le monde, ici en Birmanie.

Du fait de mes nombreuses visites dans ce pays depuis tant années, après avoir œuvré pour un tourisme de découvertes très souvent axé sur l'archéologie, le bouddhisme et la nature, m'a certainement profité aux vues de certaines invitations ou permis de route. Monsieur Tint Naung devait aussi en rajouter une couche devant les autorités, expliquer que j'aimais la Birmanie plus que quiconque.

À Hpakant, grâce à mon chauffeur particulier, j'ai pu circuler l'espace de quelques jours entre collines et vallées, découvrir le petit peuple en quête de miettes laissées après concassage, triage et découpage des blocs. Les voir fabriquer des barrages avec des sacs remplis de sable ou de terre, pour mieux laver au tamis les déchets et récolter ne serait-ce que des bribes de jade impérial, le plus recherché, le plus pur et le plus cher de la planète.

C'est finalement en ville, à l'hôtel Jade City, que j'ai pu acheter quelques cailloux verts directement à des commerçants de passage, contre monnaie forte, dollars US uniquement. Oh, certes pas beaucoup, mais mon épouse Agung à Bali peut se targuer aujourd'hui d'avoir en boucles d'oreilles ou pendentif du jade impérial de très grande qualité des carrières de Hpakant, la cité interdite.

Il allait de soi dès lors que je poursuive mon périple sur les pierres précieuses en direction de Mogok, la ville reine du rubis « Sang de Pigeon », là encore le plus pur et le plus recherché de la planète. Monsieur Tint Naung m'organisa dans la foulée, et au départ de Mandalay, le voyage vers Mogok et si possible Lashio, dernière ville d'importance, la plus à l'est du pays. La route était ouverte.

Mogok est à une grosse demi-journée de route de Mandalay. Route correcte, parallèle au fleuve Irrawaddy les premières heures, et qui serpente ensuite entre collines dénudées, champs de cultures sur brûlis et forêts secondaires. Après quelques cols brumeux, on atteint une longue vallée étroite où la ville s'enroule littéralement contre les parois des collines, déborde même par endroits. On sent le lieu grouillant de vie mais rien à voir avec Hpakant qui elle, ressemble plutôt à un camp en plein mouvement.

Mogok est une ville campagnarde de moyenne importance où le commerce local est développé : marchés aux légumes et restaurants à l'atmosphère typiquement birmane. Après m'être installé à l'hôtel Mogok – établissement sombre, froid mais plutôt cossu pour la région et obligatoire pour le voyageur étranger – j'ai un rendez-vous avec U Ohn Gyaw, l'intendant d'une concession minière de Mogok. Il est au courant de ma venue et j'ai toute liberté pour visiter le territoire de la mine avec un guide privé : les installations, l'immense trieuse où des camions déchargent pierres, terre et sable mélangés que de puissants jets d'eau, façon pompiers en service, éclatent, équarrissent, nettoient pour ne laisser apparaitre que de petites pierres luisantes sous le soleil matinal.

D'autres employés de la concession se chargent alors de transporter dans des paniers ces petites pierres, qu'ils déposent sur de grandes tables où une équipe de spécialistes des pierres précieuses et semi-précieuses œuvrent depuis le début du jour.

Quel moment de délice cela a été lorsque, attablé avec les ouvriers spécialisés autour de cette grande table éclairée par des néons puissants, j'ai découvert le monde brut des pierres précieuses. Devant mes yeux, rubis et saphirs non polis éclairaient la surface de la table de couleurs rouge ou bleue. Certains d'une taille respectable de plusieurs carats.

On se laisse facilement prendre au jeu des pierres de valeur, un peu comme à Las Vegas avec les machines à sous. Plus la matinée avançait où je voyais sans discontinuer les ouvriers apporter les petits paniers, plus j'apercevais des pierres de toutes les couleurs. L'assistant me montrait les vrais rubis ; ici un rubis rose, un autre Sang de Pigeon, très recherché, précieux, donc cher. Pas facile à juger comme cela car non polis et ressemblant par trop aux grenats. J'ai eu en main quelques rubis, plusieurs saphirs d'un bleu translucide et différents des saphirs de Ceylan, grenats d'un rouge écarlate, péridots, tourmalines, topazes, et même un diamant. Tout cela sorti de terre d'une seule et même concession et en quelques heures !

Il est alors facilement imaginable de rêver à la quantité de pierres précieuses qui sont tirées chaque année du sol birman. Une fortune que garde jalousement le gouvernement militaire, avec l'accord tacite des sociétés chinoises de Mandalay, qui gèrent les mines et une partie de la revente vers la Chine, la Thaïlande et Hong Kong. Le pays en retire des sommes colossales pour aider à soutenir la faible économie du pays. Ce n'est un secret pour personne qu'aux temps des règnes de Ne Win jusqu'à Than Shwe, les hauts gradés touchaient un pourcentage direct de l'extraction de ces pierres précieuses, sommes considérables au final qui dorment pour longtemps encore dans les coffres des banques de Singapour ou Hong Kong, en priorité.

Je n'aurai malheureusement pas le droit d'acheter directement des rubis à l'usine, même ceux non polis. Tout comme je n'aurai pas le droit de continuer ma route vers Lashio, trop dangereux et l'on peut entrer trop facilement en contact avec des brigands, des policiers véreux ou essuyer une fusillade entre militaires et insurgés. À l'image du peuple Wa, dernier représentant violent des minorités ethniques birmanes, qui gère et tire ses profits de la production d'opium et contrebande sur les hauts plateaux frontaliers avec la Chine ou le Laos, et la vente en direction de la Chine.

Un client de l'hôtel Mogok, U Soe Lwin Wang, un

Birman d'origine chinoise comme son nom l'indique, me dit le matin avant mon retour vers Mandalay que la route de Lashio jusque vers la frontière est une « *trafficking road* ». Son frère, qui réside à Lashio et travaille dans le transport de marchandises depuis plus de quinze années, ne possède qu'un camion, ce qui n'est absolument pas normal, parce qu'il est trop honnête. S'il s'engage dans d'autres activités comme le transport de marchandises volées, les narcotiques ou le transport « humain », sous-entendu le trafic de prostituées birmanes vers la Chine, il serait beaucoup plus riche, aurait une dizaine de camions de transports et un ou deux 4x4 flambant neufs.

Ce qu'il y a de plus extraordinaire dans ce résumé matinal à la fin de mon petit déjeuner, c'est que monsieur Wang, me dit d'un ton plein de bonhommie que tous les camionneurs « spéciaux » possèdent un permis de route international, délivré par l'autorité locale, et au passage de la frontière se font estampiller le carnet avec l'un des quatre tampons d'usage : « marchandises légales », « immigration », « forêts » ou « narcotiques ».

Le trafic est donc immense ; il va des grumes de teck en passant par les pierres précieuses, la prostitution à grande échelle et la drogue. La police, l'armée et les passeurs de tous ordres en retirent des bénéfices conséquents. Pour finir sur ce chapitre, je me souviens avoir entendu sur place à Tachilek en territoire Shan, proche de la frontière thaïlandaise, que certaines prostituées, une fois rentrées au pays, étaient abattues en cachette pour ne point ramener le sida dans les villages de campagne ou à la ville.

Je parle d'histoires qui se passent dans les années quatre-vingt-dix et il me semble que, jusqu'à l'année deux mille dix, le trafic était toujours bien vivace dans les mains des Birmans d'origine chinoise associés aux militaires birmans pour le compte des Chinois de Chine.

La Chine, dans ses besoins immenses pour une population immense, doit sans cesse rechercher des matières premières qu'elle ne trouve plus chez elle ou du moins en trop petite quantité. C'est la raison pour laquelle elle achète, pille, échange les « trésors de nature » des peuples limitrophes en premier lieu, pour leur revendre ensuite ses productions de pacotille et s'installer durablement.

À ce jeu les Birmans d'aujourd'hui l'ont très bien compris en organisant à de nombreuses reprises des manifestations antichinoises, appelant au boycott des produits chinois qui ne valent rien sur le court terme. L'allié d'hier fait aujourd'hui la sourde oreille à la Chine et se tourne de nouveau vers l'Occident, l'Angleterre principalement. L'ennemi d'hier est le parfait partenaire aujourd'hui.

Sur la route de Mandalay

Le titre est de Rudyard Kipling, mais il correspond parfaitement à ce qu'est mon périple birman depuis la fin des années soixante-dix. La ville de Mandalay est le carrefour obligatoire sur les routes des quatre points cardinaux du pays.

L'histoire de Mandalay est l'histoire de deux cités en une. Celle qui, il y a cent cinquante ans, était la capitale de celui qui allait devenir le dernier roi de la dernière dynastie birmane, et celle qui s'est depuis inévitablement modernisée, mais pas trop. Mandalay est la capitale historique de la Birmanie, aujourd'hui peuplée de plus d'un million d'habitants.

Mandalay est une cité qui chérit son passé et dans une certaine mesure, vit de son passé. Elle perdit son statut de capitale royale en 1885, le jour où le dernier roi Thibaw dut se rendre à un général britannique et monter sur le bateau qui devait le conduire en exil en Inde. Il mourut en 1916 près de Bombay où il était assigné à résidence. Dès lors, la ville ne pourra jamais retrouver sa prééminence, son immense charme, mais comme autrefois elle reste le centre de la culture birmane et continue à garder une place de choix dans les arts et les lettres. Sa magie persiste.

C'est à Mandalay que l'on fait connaissance avec la vie citadine birmane. À côté, Rangoon n'est qu'une fenêtre sur le monde extérieur. Mandalay est la gardienne et la protectrice des meilleures traditions de la musique, de la danse et des arts en général.

Dans le religieux, un membre du clergé bouddhiste qui n'aurait pas étudié les saintes écritures sous la direction d'un abbé de renom, dans l'un des grands monastères de la ville, aurait le sentiment que son éducation est incomplète. La ville ne serait rien sans son bouddhisme, ses milliers de pongyis – membres du clergé bouddhiste – vêtus de la robe jaune ou pourpre, ses monastères et ses fameuses pagodes.

Aujourd'hui les habitants ne pourraient penser qu'à leur gloire passée et regretter la perte de prestige de la ville, mais ils sont fiers d'être à la source de la vie spirituelle de la Birmanie.

Mandalay est la ville du roi Mindon. Son ombre semble planer parfois sur la ville, partout où il a laissé son empreinte. Tout ce qui reste de son palais sont les immenses murailles de briques rouges entourées de douves, et quelques tombes royales dont celle du roi à l'intérieur de l'enceinte. Le palais royal, une merveille absolue en son temps, a disparu en fumée dans les bombardements des forces britanniques pendant la Seconde Guerre mondiale. Le palais de glace, mémoire de l'histoire, a disparu à jamais.

Après l'immense incendie de 1980 qui ravagea une très grande partie du centre-ville, construit alors de résidences et immeubles en vieux bois, tout comme le vieux marché Ze Gyo qui était le poumon commercial de la ville, Mandalay a perdu beaucoup de son cachet originel. Les nouveaux immeubles reconstruits pour l'occasion sont plutôt quelconques et font penser à des bâtiments de ville chinoise, bien rangés.

À ce sujet, dès les années soixante-dix, les ressortissants chinois sont arrivés par centaines des régions frontalières du Yunnan et même du Sichuan. Tous en quête de travail, mais attirés aussi par les richesses du pays avec son commerce florissant de pierres précieuses et une économie birmane très basique où il y avait tout à créer. À cette époque, la Chine de l'après Mao était encore très rigide et facilitait les départs de l'autre côté de la frontière.

Les Chinois sont industrieux, s'adaptent rapidement aux nouvelles coutumes et en très peu de temps, avec intelligence et travail, aide intérieure des grands frères arrivés avant eux, ils se forgent un empire et deviennent incontournables. En 1990, la population de Mandalay était à quarante pour cent chinoise. Le quartier des affaires dans le centre-ville est totalement chinois aujourd'hui.

Mais Mandalay heureusement, ce n'est pas que cela, la ville est d'une richesse absolue.

Lors de mes visites, j'aspire à flâner près des berges du fleuve Irrawaddy au petit matin et au soleil couchant, voir le petit peuple qui s'affaire à tirer avec des buffles les énormes troncs de teck débarqués des forêts du nord, et les hisser sur d'antiques camions de la dernière grande guerre. Voir également les dizaines d'embarcations qui se déplacent au gré du courant avec leur batelier debout, les rames croisées pour un meilleur maniement. Hommes, femmes et enfants qui transportent le sable sur les berges, apporté par d'énormes bateaux ventrus, d'un autre âge, et d'autres qui s'empressent de le recharger sur des camions en partance pour les constructions de nouveaux quartiers de la ville. L'astre solaire énorme, rouge écarlate, qui se couche à l'horizon les soirs de saison sèche sur un tel décor reste l'un des plus beaux souvenirs de mes périples birmans.

Et puis il y a cette colline de Mandalay, qui domine toute la ville, les remparts du palais et ses flèches de bois des tours de gardes, et au loin la longue ligne bleutée du plateau shan. Toutes les pagodes et monastères jouxtant les immenses escaliers sur la montée ont été bâtis grâce aux généreuses et inlassables donations du public. Une véritable escalade vers les sommets via trois chemins différents couverts par un long toit en tôle pour se protéger du soleil brûlant en saison sèche, et des pluies diluviennes pendant la mousson.

Au pied du versant sud, un bâtiment de pierre recèle « les reliques de Peshawar », reliques sacrées du bouddha qu'un chercheur indien avait découvert au Pakistan au début du XXᵉ siècle et rapportées à Mandalay.

Ailleurs, ce ne sont que pagodes et monastères, à l'image de la pagode Kyauk Togyi au pied de l'escalier sud. La représentation du bouddha dans cette pagode a été sculptée dans un énorme bloc de marbre blanc de plusieurs tonnes. La légende dit qu'il fallut plus de dix mille hommes pour le transporter sur un temps infini, du canal sur le site du temple.

La pagode Kouthodaw elle, est unique pour les pèlerins du monde bouddhiste avec ses sept cent vingt-neuf monolithes de marbre blanc sur lesquels sont inscrits les textes du Tripitaka, le canon bouddhique. Une véritable bible de pierre que les fervents lisent en marchant et vénèrent profondément.

Les ruines imposantes d'Atumashi Kyaung, appelé aussi le « monastère incomparable », furent dans le passé l'objet de récits extasiés de la part des voyageurs européens au XIXᵉ siècle. Les soldats britanniques ont malheureusement tout brûlé en même temps que le palais royal, non sans avoir emporté le très précieux et énorme rubis de plus de quarante carats incrusté sur le front du grand bouddha en bois laqué, qui trônait dans ce superbe monastère en bois de teck.

Il ne reste qu'un seul vrai vestige du temps de la royauté birmane, intact : le monastère Shwe Nandaw, véritable chef d'œuvre de sculptures sur bois et de l'art des décorations de laques dorées. Le roi Mindon avait l'habitude de venir y méditer et se reposer avec l'une de ses épouses préférées. Son successeur de fils, le prince Thibaw, ne voulait pas l'utiliser et le déplaça du palais royal à cause des nombreux souvenirs attachés à cet appartement. Il en fit un monastère où il venait souvent se recueillir et méditer. Cela le sauva des bombardements britanniques sur le palais royal. Shwe Nandaw est proposé au patrimoine mondial de l'humanité.

Au sud de la ville, autre rencontre extraordinaire lorsque l'on rentre dans les couloirs couverts de la pagode de l'Arakan, ou Mahamuni, très vénérée par la ferveur populaire. Les bouddhistes de Mandalay, tout comme à la pagode Shwedagon de Rangoon, se rendent quasi quotidiennement devant le Maha Mya Muni ou « le Grand Saint ».

Immense statue de Bouddha en bronze pesant des dizaines de tonnes, si richement décorée que les formes de son corps tendent à disparaitre sous les innombrables couches de feuilles d'or qui, journellement, s'y accumulent. Deux hommes employés de la pagode, ne cessent d'ajouter de nouvelles feuilles tout au long de l'année. Seul le visage reste libre, et les yeux du bouddha apaisé scrutent la population de la ville venue se prosterner à ses pieds. Des centaines de pierres précieuses de toutes tailles sont enchâssées sur la coiffe du bouddha.

Ce qu'il y a de très intéressant avec la pagode Mahamuni, c'est l'historique de la statuaire. Le bouddha de près de quatre mètres de hauteur fut rapporté en prise de guerre du royaume de l'Arakan, situé à l'ouest birman, par le roi Bodopeya au XVIIIe siècle. Dans une arrière-cour, une petite structure abrite des pièces de bronze qui furent aussi rapportées de l'Arakan avec vingt mille prisonniers, dont l'entière famille royale du palais de Mrauk U avec tous ses trésors. Celle-ci fut chargée d'assurer héréditairement le petit commerce des objets religieux dans les échoppes de la pagode. Aujourd'hui encore, si l'on parcourt les longs couloirs de la Mahamuni, les marchands du temple sont pour la plupart les descendants des prisonniers de guerre arakanais. D'avoir parfois discuté avec certains d'entre eux sur le commerce de statues de bouddha en bois de teck, je vous assure qu'ils n'ont pas oublié leurs origines.

Quant aux bronzes, leur histoire est tout particulièrement étonnante car ce sont les seuls spécimens qui subsistent de la statuaire khmère en bronze. Ils ont été dans un premier temps rapportés d'Angkor Wat à Ayutthaya par les Thaïs qui ont pillé au XVe siècle la capitale cambodgienne. Un siècle et demi plus tard, les Birmans attaquent les Thaïs et rapportent entre autres les précieux bronzes khmers dans leur capitale d'alors, Pegu. Au XVIIe siècle, les Arakanais mettent à sac la ville de Pegu et rapportent les bronzes en Arakan dans leur capitale Mrauk-U, qu'ils déposent au pied de leur grand bouddha, lumière du monde, Maha Mya Muni. Enfin, au XVIIIe siècle, le roi Bodopeya de Amarapura attaque Mrauk-U et rapporte les bronzes et le bouddha à Mandalay.

Les Arakanais ne pardonnent toujours pas aux Birmans de leur avoir volé la statue du maître, certainement le bouddha le plus précieux de tout le pays. De siècle en siècle, d'année en année, ils demandent la restitution du Maha Mya Muni : oreille sourde côté birman. Ainsi va l'histoire et les haines cachées dans le cœur des hommes.

Mandalay est la capitale historique des arts et des lettres, mais c'est aussi un centre stratégique des routes commerciales. Aujourd'hui encore, et ce depuis de très longues générations, le commerce de la feuille d'or perdure via ses spécialistes qui travaillent dans certains quartiers bien précis de la ville.

Dans de minuscules ateliers, le battage de l'or est fait par les hommes. De petits morceaux de lingots d'or soigneusement rangés entre des lamelles de cuir de buffle épaisses et très résistantes, sont laborieusement aplatis pendant des jours avec de lourdes masses, afin d'obtenir des feuilles de l'épaisseur désirée. L'assemblage de ces feuilles par paquets de dix ou de cent est le travail des femmes. Rattachés autrefois à la cour royale, ces artisans sont aujourd'hui les garants héréditaires du commerce religieux.

Près de la Mahamuni et sur la route d'Amarapura, les ateliers du travail sur bronze, tout comme ceux des sculpteurs sur marbre, sont les dépositaires des immenses statues de bouddha qui voyageront dans tout le pays pour embellir de nouvelles pagodes et monastères. Ainsi qu'à l'étranger où bouddhistes Japonais et Coréens sont plus que friands des merveilles de sculpture des artisans locaux.

La forteresse de l'oubli

Il y a un site grandiose où je me rends toujours avec plaisir lors de mes séjours à Mandalay : le village de Mingun, que l'on atteint après une belle remontée en bateau local sur le fleuve Irrawaddy. Mingun abrite dans un même périmètre la plus grande cloche en bronze en état de marche au monde, et les restes de ce qui aurait pu être le plus grand temple du monde.

On compte les cloches par milliers dans toutes les pagodes de Birmanie, mais celle de Mingun laisse une impression indélébile. L'engouement des Birmans pour les cloches est très grand. On en trouve partout, dans toutes les pagodes, suspendues isolément ou en séries, et toujours autour du stupa central. La plupart portent de longues inscriptions en pâli qui rappellent la gloire du bouddha ou les vœux du donateur. Leur principale fonction au tintement est d'attirer l'attention de chacun sur le fait que les louanges de Bouddha ont été récitées. Il est d'usage pour le fidèle de frapper la cloche par trois fois quand il a terminé sa prière ou sa méditation. Les non bouddhistes peuvent aussi frapper les cloches autant qu'ils le désirent sans encourir la moindre réprobation, bien au contraire. Après avoir frappé la cloche, l'on se doit de frapper le sol afin que les génies de la terre soient témoins, avec ceux des airs, de cet acte de mérite.

La pagode de Mingun fut l'œuvre du roi Bodopeya au XVIIIe siècle. Sa construction dura vingt ans, pendant laquelle Bodopeya, qui vivait sur la rive opposée, ne cessa d'aller et venir superviser celle qui devait être la plus haute au monde avec ses cent cinquante-trois mètres et la plus belle du pays, rivalisant avec ses sœurs de Pagan.

Telle qu'elle est aujourd'hui, cette immense bâtisse inachevée représente le plus gigantesque tas de briques au monde.

À quelques centaines de mètres de là, la pagode Sinbyoume d'un blanc immaculé est une construction circulaire avec sept terrasses concentriques, symbolisant les sept chaînes de montagnes conduisant au mont Meru, la voie tracée vers la délivrance. Du sommet la vue sur le fleuve est superbe, qu'entourent de nombreux sanctuaires et monastères, dans un calme absolu.

La ville des immortels

Amarapura, « la ville des immortels », troisième grande capitale, fut décrite par nombre de voyageurs, courtiers et ambassades, comme un « microcosme de la civilisation birmane ». Là se trouvaient concentrés non seulement la richesse, la mode et la beauté du pays, mais aussi le savoir et la science.

J'ai découvert le grand monastère Mahagandayon d'Amarapura au début des années quatre-vingt, à bicyclette, alors que j'étais en route pour la cité des moines de Sagaing. Et quel monastère ! Plus de mille moines étudient les écritures, impriment des manuscrits, déjeunent dans une immense salle commune, méditent et se reposent dans leurs cellules. Une université théologique d'où sortiront, des années plus tard, quelques érudits qui iront œuvrer dans les grands monastères du pays.

Venir tôt le matin découvrir le repas quotidien de tous ces moines en robe safran qui arrivent des ruelles adjacentes avec leur bol à aumône, est un moment extraordinaire dans la découverte de la vie monacale de Mandalay.

À quelques encablures, le vieux pont U Bein, tout en bois de teck poli par les ans, est le parfait cheminement à pied pour aller découvrir de l'autre côté de l'ancien lac royal, la superbe pagode Kyauktogyi. Sur ce pont U Bein, c'est tout Amarapura et Mandalay qui défilent de jour, comme dans les couloirs de la Mahamuni en ville. Et si l'on y regarde de plus près, on peut encore apercevoir des traces de dorures sur certains piliers en teck récupérés après le démantèlement de l'ancienne capitale Ava. U Bein est le plus vieux pont de Birmanie.

La pagode Kyauktogyi elle, à l'autre bout des mille mètres du pont, est très vénérée par tous les bouddhistes de la région. Copie presque conforme de l'Ananda, il est aisé de constater que la beauté de l'édifice du site de Pagan a conduit plus d'un roi et d'un architecte à construire une pagode sur son modèle.

La cité des pierres précieuses

Sur la route de Sagaing, à gauche, avant d'arriver au grand pont suspendu, une piste conduit près d'un affluent de l'Irrawaddy d'où un petit ferry fait traverser le piéton vers Yadanapura, la « cité des pierres précieuses », plus connue sous le nom d'Ava.

Après la désintégration du royaume de Pagan, Ava devint la deuxième capitale royale pendant plus de trois siècles jusqu'à ce que le roi Bodopeya choisisse Amarapura. Et quelle cité !

À ma première découverte d'Ava en 1978, j'ai eu un frisson, tout comme à Pagan. Découvrir ce site, moins grandiose certes que Pagan, mais en calèche à travers un fouillis de végétation, sous d'énormes tamariniers à l'ombre bienfaitrice, murailles intactes ayant défié les ravages du temps, sans doute parce que les hommes les avaient quitté trop tôt.

Le paysan aujourd'hui trace son sillon à la charrue entre la « porte du lavage des cheveux », là où les cheveux des rois étaient traditionnellement lavés dans l'Irrawaddy pour la grande cérémonie d'intronisation, et un vieux monastère de bois où des moines lisent et relisent les saintes écritures. Et tout à côté, des moinillons doivent apprendre par cœur les versets bibliques, sous peine de recevoir des coups de canne en rotin. Je me rappelle les superbes vieux coffres polis par les ans qui se tenaient aux coins de l'édifice central, près d'un très vieux bouddha de bois dont les ors défraîchis reflétaient une lumière inhabituelle au soleil couchant. Du grand art !

La colline éternelle

À quelques encablures d'Ava, la colline de Sagaing s'illumine de centaines de bâtiments au milieu d'une végétation d'arbres centenaires. Du sommet des collines le panorama est d'une indescriptible beauté au soleil couchant. Chaque versant abrupt ou sommet de colline est couvert d'une floraison d'étincelantes pagodes blanches et de milliers de tamariniers, banians sacrés, manguiers et frangipaniers aux fleurs odorantes. Sur le bas des collines, le fleuve Irrawaddy poursuit sa route vers la mer avec une nonchalance et une majesté ancestrale.

Sagaing est pour le bouddhiste birman un grand livre ouvert, la plus grande école philosophique du pays disséminée sur des milliers d'hectares de collines et d'innombrables bâtiments datant pour la plupart du siècle dernier. Les étudiants, novices des deux sexes, viennent apprendre les textes sacrés qui les préparent, pour un grand nombre, à la vie monastique une fois retourné au village de leur enfance. Milliers d'étudiants, milliers de moines, mais aussi des temples, pagodes et monastères de grande importance à l'image du Pa Ba Gyaung, niché au creux d'une colline dont la philosophie inscrite sur la façade d'entrée indique : « des neuf premiers, celui-ci est le premier ». Temple datant de près de dix siècles, il vaut vraiment une visite, ou mieux une retraite, un endroit idéal pour l'art de la méditation, pratique fondamentale de la spiritualité bouddhiste.

Le moine supérieur trouvera toujours un coin de repos

de l'âme pour le voyageur non pressé par le temps, lui offrira une couche dans une aile du monastère aux innombrables cellules, et un repas par jour avant onze heures du matin, le reste de la journée étant consacré aux textes anciens et la méditation, le vide de soi.

À Sagaing, chaque voyageur qui monte à pied sur le haut des collines par de longs escaliers de briques serpentant dans la nature, entendra de toutes parts s'élever des hymnes, des prières, résonner des gongs et tintinnabuler sous la brise les milliers de clochettes dorées qui ornent le sommet des stupas. Ce fameux « chant des pagodes ».

Chaque année, à Sagaing, se déroule une fête très originale. La concentration de bonzes et bonzesses étant très forte, la population des alentours ne peut, à elle seule, assumer leurs besoins quotidiens en nourriture, vêtements et entretiens divers. C'est pourquoi, tout au long de l'année, dans toute la Birmanie, des collectes sont organisées pour les religieux de Sagaing. Une fois l'an, tous les dons de la nation sont acheminés vers la colline. C'est l'occasion d'un immense rassemblement.

D'abord à Mandalay où sont chargés sur barges et camions les sacs de riz, puis à Sagaing où le riz et les cadeaux de toutes sortes sont déposés. La noble tâche du partage des dons en revient à la supérieure d'un monastère de femmes. Elle les distribue équitablement et selon l'importance de la communauté de chacun des cent monastères qui règnent sur les collines. Encore aujourd'hui, les hommes ont droit à une portion de riz plus importante que celle des femmes, suscitant des discussions annuelles sur l'égalité entre bonzes et bonzesses.

J'aime enfin dans cette région ouest de Mandalay, perdue dans la campagne, la pagode Komudaw de construction hémisphérique de style Dagoba cinghalaise. D'une hauteur de près de cinquante mètres, elle abrite en son sein une canine et la mâchoire inférieure gauche du bouddha, rapportée de Ceylan par des moines érudits. La légende veut que la coupole qui sert de repère à des kilomètres à la ronde, ait été modelée d'après la forme d'un sein de la reine favorite d'un roi à la cour d'Ava.

Les indics

Retour sur Mandalay où dans les années quatre-vingt, je dormais régulièrement à l'hôtel Htun Hla. Il a changé de nom et de propriétaire plusieurs fois depuis.

À cette époque, comme à Pagan, les indicateurs de la police politique étaient présents dans chaque lieu public, rendant très souvent toute discussion avec la population obsolète. Cet hôtel était un nid d'espions. L'on ne pouvait discuter que de choses futiles ou uniquement s'intéresser aux arts, au tourisme et pagodes. Comme j'étais un fidèle client du Htun Hla, il apparut très vite que l'on s'intéressa à moi et régulièrement j'étais suivi dans mes pérégrinations en ville. Agents transformés en conducteurs de cyclo-pousse me posant mille questions sur ma religion, guide local au pied de la colline et les sempiternelles questions de qui je connaissais dans la ville, dans les monastères, ou cet autre chauffeur voulant me vendre de l'héroïne pour trois fois rien.

Ils étaient présents chaque matin devant mon hôtel, à guetter mes allées et venues. À tel point qu'un jour je me suis levé sur mon siège demandant au conducteur de cyclo-pousse de m'emmener au poste de police le plus proche et de le questionner sur son comportement vis-à-vis de ma personne. Sa réaction fut une belle surprise car il s'est arrêté net au bord de la route, s'est presque mis à quatre pattes en me demandant pardon et me suppliant de ne pas aller au poste sinon il allait avoir de très gros problèmes. Je suis descendu du cyclo-pousse, n'ai pas payé l'addition et n'ai pas revu mon bonhomme de la journée. Mais il était bien là, le lendemain matin, caché derrière un bouquet d'arbres dans la grande cour du Htun Hla.

Trop de visites dans ce pays cachaient quelque chose pour une personne comme moi possesseur d'un visa tourisme. Même pendant le festival de l'eau le jour de Thingyan, j'ai vu à plusieurs reprises le même personnage à mes côtés, alors que des heures durant, je me suis déplacé sur des centaines de mètres pour mieux apprécier cet extraordinaire carnaval d'où l'on rentre trempé comme une souche à son hôtel à la fin de la journée. Pour certains, je ne pouvais être qu'un espion ou un trafiquant. Mandalay l'austère, était le temps d'une journée un immense défoulement, en proie à une joie contagieuse où passants et militaires s'arrosaient copieusement sans crainte du lendemain. Les festivités passées, le peuple à nouveau devait sa survie par la grâce de ses marchés matinaux et de la foule silencieuse dans les couloirs sombres et sans fin de ses monastères et pagodes.

Mandalay résonnait parfois comme une prison où les gardes observaient les faits et gestes de chacun, où il était facile d'être vu sur de larges artères désertées de véhicules. Le silence des rues du centre-ville dans le début des années quatre-vingt à Mandalay était parfois inquiétant. Si l'on voulait voir la vie, il fallait se diriger sur les bords du fleuve Irrawaddy.

Maymyo

Au nord de Mandalay, la petite ville provinciale de Maymyo recèle des tas de trésors de l'époque coloniale. Nichée sur un plateau à mille mètres d'altitude, elle doit son nom à un colonel qui dirigeait un régiment d'infanterie des « lanciers du Bengale » à la fin du XIXᵉ siècle. Le colon anglais aimait se retrouver dans cette belle station au climat tempéré, résidences de luxe construites par de riches commerçants, échappant ainsi aux désagréments du climat tropical humide ou sec des plaines de Mandalay.

Maymyo se cache toujours sous une luxuriante végétation où les énormes eucalyptus, chênes asiatiques et pins embellissent un paysage magnifique. Les étalages des maraîchers regorgent de fruits et légumes, le marché aux fleurs est une splendeur toute l'année. Mais ce que j'aime beaucoup dans cette ville montagnarde, ce sont les transports pour y arriver, lorsqu'en 1983, le train à crémaillère après une heure de trajet de Mandalay, devait escalader une véritable falaise en zigzag à une allure de quelques quinze kilomètres par heure. Le plus beau trajet ferroviaire de Birmanie !

L'autre moyen de transport unique à Maymyo était et est encore aujourd'hui le carrosse, sorti tout droit du XVIIᵉ siècle, utilisé par la population au quotidien pour aller faire son marché. À l'intérieur, l'on se prend pour un passager de diligence ou dans le carrosse de Buckingham Palace avec l'impression que le laquais de service se tient debout à l'arrière. Aux commandes, un impassible cocher indien à la moustache princière, retraité comme la plupart de ses confrères de l'armée britannique.

Les cochers de nos jours sont népalais-ghurkas ou birmans mais la magie existe toujours. Ils vous emmèneront pour quelques dollars visiter le jardin botanique et le marché central où il n'est pas rare de rencontrer des montagnards lisus ou lahus descendus de leurs villages perchés.

Je me souviens de l'hôtel Maymyo Inn où l'on dormait dans le dortoir commun pour un dollar la nuit, et tout près le restaurant New Pintha qui servait des produits laitiers comme le beurre et le fromage blanc et, luxe suprême, de la crème chantilly faite maison. Dans les années quatre-vingt cela était unique.

Aujourd'hui, Maymyo reste identique à elle-même, juste un peu plus encombrée de véhicules de gens venus de Mandalay se ressourcer dans la fraîcheur des soirs de saison sèche et visiter le superbe jardin botanique.

La reine des Nats

En direction ouest de Mandalay, passé la petite ville de Monywa, l'on est de nouveau transporté dans un monde ancien. Un monde où le bouddhisme apparait comme un art unique dans des cavités de rochers et grottes miniatures, où le génie des artistes à peindre des *jatakas* (histoire de la vie du bouddha) se retrouve à foison dans des lieux quasi abandonnés. Ma première visite de Po Win Daung remonte à l'année 1992, grâce aux informations de mon ami Aye Twin de Pagan me suggérant d'aller découvrir ce site d'une grande beauté, inconnu du reste du monde. Et pourtant, Po Win Daung n'est qu'à deux heures de route de Monywa, près du fleuve Chindwin.

Un site quasi désert à mon arrivée, seuls quelques pèlerins venus d'on ne sait où, avec leur charrette tirée par des bœufs ou une vieille Toyota dont les passagers sont assis sur des banquettes en bois. Calme total, le village aux quelques maisons adossées aux collines semble désert. Tout le monde doit faire la sieste car il est près de midi et la chaleur est infernale, sèche, trente-cinq degrés facile et à l'ombre. Un petit moine en robe rouge écarlate vient vers moi et me lance dans un anglais approximatif : « *Mister, caves, bouddha caves, come !* ». Devant tant de simplicité et de joie, je l'ai suivi au petit trot entre les herbes hautes, les épineux revêches et l'absence de chemin. Nous escaladons un talus, trouvons un escalier caché dans les herbes.

Quelle ne fut pas ma surprise de trouver au bout de cet escalier l'entrée d'un premier sanctuaire gardé par deux splendides lions griffons. Découvrir une grotte creusée dans le grès ocre et tomber sur une rangée de superbes bouddhas en position assise faisant face aux différentes ouvertures, d'où entrait une lumière tamisée qui inondait le sanctuaire. Des plafonds en ogives émergeaient des peintures sur la vie du Bouddha, comme dans le temple de Kyanzitha à Pagan. Du grand art !

Et je n'étais pas au bout de mes surprises, car déjà le petit moine me tirant par la manche, m'emmenait à travers des taillis toujours plus épais vers d'autres merveilles oubliées. Deux monastères troglodytes taillés dans les falaises, richement décorés au-dessus du porche, une cité abandonnée, oubliée, enfouie en contrebas de falaises de grès ocre.

Comment peut-on laisser de telles merveilles à l'abandon, à ce point ! La Birmanie en regorge, le voyageur ne soupçonne pas un instant ce que ce pays a façonné au fil des siècles en constructions, architectures diverses çà et là aux quatre coins du pays.

Po Win Daung est de ce calibre, une cité-grotte bouddhique abandonnée à son sort, construite par des croyants sur une colline vieille comme le monde et dont la masse ressemble, vue de loin, au corps de « l'éveillé ». À l'évidence ces grottes n'ont été habitées que par des moines, renonçants ou prêtres spirituels. Les monastères ne semblent pas très anciens, et probablement construits par de riches personnalités, en offrande au bouddha et la communauté monastique. Toutes ces merveilles sont ensevelies sous d'épais taillis d'épineux, ce qui a très certainement contribué à sa sauvegarde ces deux derniers siècles.

Et paradoxalement, la redécouverte des grottes dans les années quatre-vingt a annoncé sa mise en péril par les pilleurs de temples. Comme à Pagan, les voleurs viennent la nuit creuser, chercher des statuettes d'or ou des pierres précieuses enchâssées dans le corps du saint, et découper ou tout simplement casser des têtes pour les revendre à de vils antiquaires locaux qui se chargeront de faire suivre vers la Thaïlande.

Le petit moine qui m'accompagne ne dit rien devant ce qui devait être un assez grand et majestueux bouddha, éventré totalement. Deux bodhisattvas à ses côtés ont par contre fière allure, intacts. Un miracle de la nature ou plus simplement un désintéressement certain des voleurs qui devaient avoir une commande en bonne et due forme.

L'une des salles aux fresques murales et plafonds remarquables, contient un stupa de brique ocre et des bouddhas adossés aux quatre points cardinaux. Dans une autre grotte, à l'intérieur de la colline rocheuse, un bouddha couché se repose superbement dans l'ombre. Au-dessus de son corps, des fresques de sa vie antérieure, alors prince Siddhârta, qui couvrent tout le plafond en ogive. Des grottes il y en a paraît-il des dizaines, des représentations du bouddha, des milliers, ce qui fait de Po Win Daung un site archéologique de première importance en Asie du Sud-Est.

En extérieur, à quelques encablures du rocher du maître, les temples de Shwe Ba Daung ont été sculptés dans la roche. Ils me rappellent Petra en Jordanie. Les fidèles se pressent nombreux les jours de pleine lune pour se prosterner devant le dieu taureau. Réminiscence d'un ancien culte shivaïte ou adoration du zébu, animal quotidien du paysan birman.

Après cette première rencontre fortuite et provoquée je suis revenu à plusieurs reprises au village de Po Win Daung. Rien ne change au fil des ans, les fidèles ayant parcouru des dizaines de kilomètres au pas lent de la charrette et du zébu viennent inlassablement se prosterner devant ces merveilles naturelles. Aujourd'hui le village a son petit commerce religieux, fleurs, jeunes noix de coco, fruits, alcool en offrande à Po Win Shin Ma, la reine des Nats, mère protectrice du Bouddha.

Sous les collines arrondies courent des galeries secrètes dont les murs et les plafonds éclatent de couleurs rouges, vertes ou mauves qui retracent la vie de l'enfant roi, le prince Siddhârta. Son cheminement, son renoncement, son illumination, tout dans les peintures de ces grottes d'une pureté absolue ajoutent à la préciosité de Po Win Daung.

Il n'y a que la Birmanie pour offrir un tel luxe au voyageur. Visiter des sites moyenâgeux vierges, à la spiritualité intacte et au contact d'une population vraie et méritoire.

Une fois de plus, du grand art.

Une histoire birmane

Des toiles d'araignées recouvrent les meubles, et les pièces sont depuis longtemps désertées dans la maison birmane qu'aurait habité Georges Orwell, et que des artistes locaux veulent aujourd'hui transformer en musée.

Le club où les fonctionnaires coloniaux britanniques venaient tromper leur ennui a été transformé en coopérative à Kyauktada, petite ville du nord de la Birmanie dépeinte par l'écrivain britannique dans son premier roman, *Une histoire birmane*. Livre critique de la dictature et du totalitarisme qui a une résonnance particulière en Birmanie, le pays sortant à peine de plusieurs décennies sous l'emprise d'une junte militaire.

Dans cette petite ville située sur les bords du grand fleuve Irrawaddy, tout proche de l'état kachin, et que l'on rejoint soit en treize heures de train ou beaucoup plus en voiture depuis la ville de Mandalay, la maison en bois de deux étages où aurait vécu Orwell, entourée d'un jardin tropical, est quasi inoccupée depuis des décennies.

Le toit en tôles est percé par endroits. L'intérieur sent le moisi, on a l'impression que meubles et chaises n'ont quasiment pas changé de place. Sous la maison seuls les piliers en teck tiennent le choc. Qui étaient les derniers locataires ? Georges Orwell arriva en Birmanie en 1922 et vécut à Kyauktada, travaillant dans la police coloniale britannique qu'il quitta en 1927 pour une carrière d'écrivain.

La prison, le poste de police et le cimetière militaire sont dans le livre. Mais ils existent aussi en vrai dans la ville. C'est personnellement ce qui m'a amené à me passionner pour *Une histoire birmane*.

Dans son roman, Orwell est sans concession pour cette bourgade qui « n'avait guère changé depuis l'époque de Marco Polo » et « aurait pu rester encore un siècle de plus au Moyen Âge, si elle ne s'était révélée un emplacement commode pour le gouvernement colonial et y installer un terminal de chemin de fer ». À la lecture de son livre, c'est surtout l'ennui des colons dans cette partie de l'Empire britannique qui est au centre du roman, une critique acerbe de l'impérialisme. D'où l'importance aujourd'hui symbolique de lieux comme le club, toujours visible en face de la maison où aurait vécu Orwell.

Bâtiment aujourd'hui transformé en coopérative locale, mais où l'on peut toujours voir le bar, certes fermé, et l'on imagine aisément les fonctionnaires britanniques venir s'y accouder, passant leur temps à boire du whisky et à mépriser les indigènes.

« Dans chacune des villes de l'Empire des Indes, le Club Européen est la citadelle spirituelle, le siège de la puissance anglaise » écrit Orwell, dont le nombre d'années passées en Birmanie a profondément influencé son œuvre contre l'impérialisme et toutes formes d'autoritarisme. « Le fonctionnaire maintient le Birman à terre pendant que l'homme d'affaires lui fait les poches », écrit-il dans *Une histoire birmane*.

Monsieur Nyo Ko Naing, la personne en charge de la restauration de la maison, estime qu'aujourd'hui tous les lieux évoqués dans le livre devraient être transformés en musée car la junte au pouvoir, pendant des décennies, n'a pas essayé de préserver quoi que ce soit. Ce site est un héritage du passé, un bout de l'histoire coloniale de la Birmanie.

Cependant rares sont les habitants de la petite ville de Kyauktada qui connaissent le parcours de cet écrivain atypique. Quelques européens passent, comme moi, ne serait-ce que pour voir et reconnaître les vrais endroits du roman.

La Birmanie a donné la matière première qui a nourri sa pensée des années plus tard dans *Une histoire Birmane*. À lire pour une meilleure compréhension du colonisateur et du colonisé dans l'immense fin de règne de l'Empire britannique, mais surtout une visite dans un lieu désuet mais historique au fin fond de la Birmanie des campagnes. Pour moi ce lieu a la senteur des feuilles mortes de l'automne, l'oubli du temps et la quiétude des berges du fleuve Irrawaddy qui s'écoule paisible vers le sud.

En descendant l'Irrawaddy

J'ai la chance d'avoir, dans mon long périple birman, côtoyé, traversé ou navigué sur les quatre grandes artères fluviales du pays : Irrawaddy, Chindwin, Salouen, Sittang.

Maintes fois j'ai effectué la descente du fleuve Irrawaddy entre les villes de Mandalay et Pagan. Dans les années quatre-vingt, le bateau à vapeur vieux comme le monde ébranlait sa carcasse à fond plat pour sortir des sables de la plage du vieux Mandalay, à l'endroit où tous les petits bateaux du commerce de bambou ou de sable s'entrechoquaient en un ballet désordonné.

Les étrangers devaient arriver trois heures à l'avance, discipline oblige, et l'on nous parquait à l'étage pour ne pas avoir de rapports avec les Birmans. Un peu frustrant pour le voyageur non informé, mais le long trajet de près de douze heures de navigation entre les deux sites avait de quoi satisfaire les plus blasés.

Ce vieux *steamer* que j'ai pris une bonne dizaine de fois me faisait penser aux bateaux sur le Mississipi ; ne manquait que la roue à aube sur le côté pour se croire dans les états sudistes de l'Amérique.

Contrôle des billets dans le petit matin frais. Au rez-de-chaussée les Birmans avec leurs ballots et paniers en tous genres cherchent le bon coin pour se poser. Poules et canards sont rangés sans ménagement sur le sol entre de nombreux paquets, les enfants en bas-âge qui pleurent, ça rentre et ça sort sans discontinuer.

J'ai, en comparaison, la chance d'être un étranger placé

à l'étage et assis confortablement sur une chaise longue, avec un thé au lait en main. Les moines et autres serviteurs du culte ainsi que les militaires et gens aisés ont également ce passe-droit.

Peu après le départ, le fleuve devient écarlate dès six heures du matin, les brumes se dissipent et un paysage de collines couvertes de stupas blancs apparaît comme par magie.

Sagaing est la première grande apparition sur le parcours, une vision de mes rêves d'enfant, une Asie médiévale qui semble ne jamais avoir bougé depuis des siècles. Ce bâtiment flottant est le témoin de mes paroles. Cette Asie, sous mes pieds et devant mes yeux, semble plus sortie d'un lointain imaginaire que de la réalité d'une fin de XXe siècle. J'ai cette chance de pouvoir vivre de tels moments, et ai quelque peu l'impression d'être un ancien colon britannique venu en terre birmane pour affaires et qui utilise le fleuve pour se rendre sur son lieu de rendez-vous.

En saison sèche, les sables alluvionnaires sont bien cachés sous l'eau opaque et le fleuve est très sinueux. Régulièrement le bateau doit s'arrêter et un membre de l'équipage va sonder à bâbord le tirant d'eau. Alors le capitaine fait une légère marche arrière, les remous font un peu tanguer le bateau et la descente continue paisiblement. Dès les mois d'avril ou mai, la navigation est interrompue car le niveau du fleuve est trop bas.

À bord chacun fait la sieste dès midi. Les rives s'estompent sous la moiteur, l'air vibre à tel point que les rares animaux ou habitants croisés sur les berges sont déformés par la vague de chaleur.

Le Birman est un personnage chaleureux. Le contrôleur du bateau qui fait également office de gardien de l'ordre me laisse passer dans l'escalier réservé au seul personnel de bord. Je peux ainsi me plonger dans la vraie atmosphère de vie birmane, la vie du peuple birman. Un petit restaurant de bord sert du café, du thé et des *mohingas*, pâtes servies avec une soupe de tête de poisson épicée, ou du riz avec de petits poissons séchés enroulés dans une feuille de banane.

Longue et morne descente du fleuve mais avec des arrêts étonnants au milieu de nulle part. Quelques personnes descendent sur la passerelle avec leur bicyclette et paquets amarrés sur le porte-bagages, et qui disparaissent de la vue dès le sommet de la berge atteint.

Un peu avant Pakokku, là où les deux fleuves Chindwin et Irrawaddy scellent leur union, le petit village de Yandabo est l'arrêt parfait pour aller se dégourdir les jambes. Le bateau fait escale une petite heure pour décharger et recharger nombre de marchandises, dont les fameuses jarres en terre cuite que l'on retrouve dans chaque maisonnée de Pagan et chaque village tout au long du cours du fleuve. Depuis le XIe siècle et l'avènement de la première grande dynastie birmane, les habitants de Yandabo fabriquent des jarres laquées.

Dès l'arrivée du bateau, les berges grouillent de monde. Les marchands de friandises et objets de pacotille ainsi que les porteurs sautent par-dessus le bastingage pour chercher le client. C'est le monde à la birmane et chaque action donne l'impression d'être au Moyen Âge.

Aujourd'hui cela n'a guère changé, le *steamer* a son arrêt quotidien à Yandabo, à l'aller comme au retour de Pagan vers Mandalay. Lorsque les eaux du fleuve seront trop basses, il laissera sa place à de petites embarcations avec « moteur à longue queue » qui se joue des bancs de sable traîtres, la perche au bout de laquelle est vissée l'hélice tournant à fleur d'eau. Un jeu d'enfant !

Juste avant le soleil couchant, les rayons du soleil se posent sur l'or de la pagode Shwezigon de Nyaung-U, annonciateurs de la fin du voyage. Çà et là des pagodons jouxtent les berges, femmes et enfants lavent le linge ou jouent dans l'eau tiède. Le petit port du vieux Pagan émerge en-dessous d'énormes tamariniers bicentenaires. À quelques encablures, le stupa en forme de reliquaire de la pagode Bupaya est le plus vieux monument de Pagan. Il aurait été construit dès le IIe siècle et son temple de bois adjacent au stupa, avec ses neuf toits superposés, abrite un autel dédié au « dieu des tempêtes ». Un signe probable que le fleuve Irrawaddy, lorsqu'il est en crue, lèche le bord des berges et varie d'une hauteur de plus de quinze mètres entre saison sèche et saison humide. Nombre de temples ont disparu dans les eaux fougueuses depuis des siècles. Et à cet endroit précis de Pagan, la largeur du fleuve éléphant, véritable vallée encombrée d'îles sablonneuses, atteint une dizaine de kilomètres.

La position de l'Irrawaddy est unique en Asie du Sud-Est parce qu'il a tout son bassin hydrographique dans un seul pays. Plus de deux mille kilomètres de longueur, navigable sur mille cinq cents kilomètres depuis Bhamo en territoire kachin, jusqu'à son delta entre golfe du Bengale et golfe de Martaban.

L'Irrawaddy a pour origine la convergence de deux larges rivières, la Maikha et la Malikha, qui prennent leur source au pied du plateau tibétain. La Maikha sort du glacier Languela dans le massif de Tila ; la Malikha elle directement du massif du Hkakaborazi. À la confluence des deux rivières, l'Irrawaddy ainsi formé a déjà plus de vingt mètres de profondeur par endroits, et pas moins de quatre cents mètres de largeur. Il traverse ensuite trois défilés dont l'un a une longueur de soixante kilomètres. Celui de Sinbo est coupé par de nombreux rapides, impossible à négocier en toutes saisons.

Enfin, son delta commence à la hauteur de la petite ville karen de Myanaung, au sud de Prome, et s'étend sur deux cent soixante-dix kilomètres. Le fleuve se jette dans la mer par neuf embouchures et lorsque la marée remonte les défluents, elle se fait sentir très loin en amont. Le fleuve Irrawaddy est l'artère vitale du pays, la grande voie de passage traditionnelle des hommes et des marchandises depuis le début de notre ère.

L'Irrawaddy est pour moi comme un grand frère, il m'accompagne pratiquement sur chacun de mes périples dans le pays. Il est omniprésent, je le rencontre, le croise, m'éloigne, mais reviens toujours à ses côtés, surtout si c'est à Pagan, la cité éternelle.

En remontant le Chindwin

Dans un autre registre de longue navigation sur un fleuve birman, c'est sur le Chindwin que j'ai voyagé, pour me rendre à deux reprises chez les Nagas au nord-ouest du pays. Le Chindwin est l'affluent principal de l'Irrawaddy, il est navigable sur quatre cents kilomètres à partir de sa confluence au nord de la petite ville de Pakokku jusqu'à Homalin, et si l'on pousse un peu vers Htamanthi et Hkamti.

La première fois, c'était en 1996 et la suivante en 2001 pour le deuxième festival naga dans le petit village de Leshi à quelques encablures de la frontière indienne.

Parcourir le fleuve Chindwin en bateau traditionnel est une lente remontée dans le temps, une rencontre du peuple qui vit sur l'eau, sur d'infinis radeaux de bois et bambous descendus des forêts du nord-ouest du pays.

Passé la petite ville de Monywa, sous un soleil implacable tout au long de l'année, la campagne semble désespérément endormie, l'air vibre et comme sur l'Irrawaddy l'on se prend parfois à observer sur les berges des mirages de carrioles qui avancent très lentement, puis disparaissent comme par enchantement. Des tourbillons de vent emportent la poussière à des hauteurs impressionnantes et le paysage me fait penser à l'Inde des petits chemins de campagne, là où le voyageur ne va pas.

Pour remonter le cours du fleuve Chindwin, il ne faut pas être pressé. L'omnibus sur l'eau s'arrête des heures à chaque village croisé, débarque et décharge ses passagers et marchandises. Refait le plein d'autres passagers qui accompagnent leurs paquets volumineux et les traditionnelles volailles qui s'affolent à la moindre secousse sur le bateau.

Sur toute la longueur du trajet menant à Homalin, la proue du navire a dû s'encastrer une bonne dizaine de fois dans un banc de sable invisible sous l'eau opaque, et le seul employé de bord doit alors plonger sous la coque, malgré un courant fort et traître. Je revois le personnage accroché à une corde, le corps et la tête sous l'eau, essayer tant bien que mal de faire bouger le bateau d'un tonnage certain et le capitaine, tout moteur arrière, de le désembourber. Si le jeune homme accroché à sa corde avait lâché prise, gage qu'on ne l'aurait pas retrouvé, happé par le courant ou coincé sous la coque, découpé par l'hélice du bateau. Un travail de galérien pour cet employé !

Ce fleuve Chindwin entretient la confusion car il nous offre parfois des berges aux vastes plages de sable blanc où des paysans lavent leur charrette et leur cheptel. Plus loin ce sont des épineux et cactus de hautes tailles et, au détour d'un méandre, une colline d'un vert tropical qui disparaît aussitôt pour faire place à une savane où les chèvres et moutons paissent tranquillement.

Assurément le Chindwin ouvre la porte d'une Birmanie inconnue. Quelques villages croisés qu'annoncent, longtemps à l'avance, des stupas d'un blanc immaculé posés sur une crête de colline.

Le bateau-taxi remonte le fleuve jusqu'à Homalin. Je dois être zen car même le capitaine n'est pas sûr d'arriver à la date prévue, c'est-à-dire cinq jours à partir de Monywa, à cause des bancs de sable par dizaines qui se déplacent avec le fleuve, mais surtout le manque d'eau sur certains passages. Nous sommes en cours de saison sèche.

Mon accompagnateur désigné d'office, venu de Rangoon, U Myint Thein, est un homme souriant et de taille respectable pour un Birman, à la poigne forte qui vous écrase les doigts lorsqu'on lui tend la main. Le voyage est confortable pour lui, car rien à faire d'autre que de dormir et manger, « nourri-logé-blanchi » comme on dit chez nous. Cela ne me dérange pas car j'ai aussi la paix de mon côté, ne suis pas obligé de toujours parler pour entretenir une conversation qui à la longue peut s'avérer futile et ennuyeuse. Au moment des repas, OK on cause, et l'homme est plein d'entrain à raconter sa vie de famille, le bouddhisme, mais peu enclin à parler politique.

Hormis mon ami Aye Twin à Pagan qui lui est très ouvert sur le propos politique, j'ai rencontré très peu de personnes entre la fin des années soixante-dix et deux mille dix qui osaient parler librement. Surtout mes accompagnateurs birmans attitrés sur les voyages au long cours.

Au village de Kone Yinn, j'en profite pour aller me dégourdir les jambes et visiter les ruelles. Chemins de terre, zébus et moutons, maisons en bambou tressé dont les immenses bouquets dépassent de vingt bons mètres au-dessus des toits de palmes. Kone Yinn est aussi un grand centre de poteries, tout comme Yandabo, toutes du même style, arrondies en-dessous. Posé sur un trépied à l'intérieur des maisonnées, le pot a une fonction utilitaire pour conserver l'eau fraîche et le grain à l'abri des rats. Au bord du fleuve, des embarcations sans moteur et des radeaux sont chargés de centaines de ces pots en direction de Monywa, là où la route commence et les camions chargés de convoyer ces pots principalement vers la grande ville de Mandalay.

Notre bateau repart, aussi lentement que la veille. La nuit, la navigation se fait un peu plus délicate et le phare posé à l'avant du bateau balaie les berges et les eaux. Quelques troncs d'arbres peuvent à tout moment venir percuter la coque à bâbord. À minuit le capitaine décide de s'arrêter devant un petit village car la navigation semble précaire. J'aime mieux ça et tout le monde cette nuit-là va dormir paisiblement. Les matelas posés sur le sol que le capitaine nous a gentiment offerts au départ de Monywa, quoique fins et durs, sont mieux que les nattes tressées du quotidien birman.

Homalin est à plus de trois cents kilomètres de Monywa, et l'on n'est pas au bout de nos peines. Arrêt au village de Sin Gone dont l'entière population s'occupe de couper des bambous arrivés par charrettes entières des collines avoisinantes. Ils sont chargés sur des radeaux spécialement construits à cet effet. De gros pots en terre contiennent de la laque, liquide très précieux pour les artisans de Pagan, descendue en même temps que les bambous sur des radeaux astucieusement ficelés, au fil du fleuve. Plus qu'ailleurs, c'est sur le Chindwin que l'on remarque ces radeaux d'une longueur impressionnante se laisser descendre dans le courant. Les bateliers debout avec de longues perches en main, qui scrutent les eaux, sondent le niveau par endroits, car le fleuve peut se révéler capricieux par instants avec des tourbillons impromptus, et gare à la marchandise perdue, manque à gagner et client lésé. Dans les moments de grand calme des eaux, une petite cabane en palmes tressées fixée sur des troncs sert d'abri contre le chaud soleil tropical, minuscule aire de repos et de repas.

Un peu plus en amont, le bateau fait une escale à Ma Sein, le village des orpailleurs. Près d'un petit affluent du fleuve, une vie grouillante s'est installée sur les rives, un méli-mélo de tuyaux en continu amarrés à des pompes d'un autre âge qui crachent une fumée noire et nauséabonde, et font un boucan pas possible. Combien sont-ils à s'entasser sur un petit périmètre ? Deux cents, cinq cents, l'on ne saurait compter...

Ça grouille dans tous les sens, et sur les berges hommes, femmes et enfants s'activent à remonter les sables et graviers aurifères vers des tamis placés sur les berges, qu'un homme scrute à la loupe. C'est vraiment une ruée vers l'or de début de XXe siècle, l'on se croirait au Klondike mais sans le froid des terres canadiennes. Comme dans tout travail de chercheur d'or, le mercure est utilisé par des centaines de familles orpailleurs, sans souci des lendemains pour les enfants qui se baignent et aspirent de l'eau au quotidien, ou pour les villages en aval qui utilisent l'eau du fleuve pour le bétail et les tâches quotidiennes.

Le bouddha, tout au long de sa vie éternelle dans les pagodes et monastères de Birmanie, a besoin de beaucoup de feuilles d'or pour redorer son corps, ou les stupas lavés par les pluies de mousson. L'or du Chindwin descendu des hauts plateaux chin est un garant séculaire de la religion du petit véhicule.

Le chemin est encore long, et passé la petite ville de Mawlaik où je serais bien resté une journée pour apprécier le calme et la lente vie des Birmans, je m'aperçois que nous n'avons effectué que la moitié du voyage. Selon les informations du capitaine si le niveau de l'eau est stable, nous serons à Homalin dans deux jours et pas question de voyager de nuit. Mon compagnon gouvernemental commence à s'ennuyer de la longueur du trajet et se demande si le choix du transport était bien approprié. On dirait qu'il m'en veut, me soupçonne d'aimer l'aventure, alors qu'il eût été plus facile lors de l'autorisation spéciale, de demander d'aller à Hkamti par avion. Sauf que nous n'aurions pas croisé tout ce petit monde besogneux qui est la vie du pays, si l'on avait pris un avion.

Car elle est là, notre destination finale. Ce n'est pas Homalin, mais Hkamti à plus de cent kilomètres au nord de Homalin. Et ni mon « guide privé » ni moi-même ne savons si nous allons pouvoir rejoindre Hkamti par le fleuve, devenu rivière au nord. Voyager par la route est strictement interdit, à moins d'être encadré par du personnel militaire, ce qui n'est pas inscrit sur notre feuille de route, et Myint Thein ne veut et ne peut pas enfreindre les ordres.

Au bout d'un jour et demi de navigation – sans avoir rencontré âme qui vive, autre que les traditionnels radeaux en bambou ou flottaison de bois de teck des forêts du territoire frontalier de l'Inde – la ville d'Homalin daigne nous accueillir par la vision d'une très belle pagode posée au bord du fleuve. La joie de tous les passagers est palpable, car après cinq jours de navigation sans aucun incident, moines et citoyens vont rentrer à la maison.

Pour Myint Thein et moi, c'est autre chose. Il nous faut trouver un autre transport qui remonte la rivière, car le Chindwin s'est diablement rétréci. Je suis heureux d'être en ville et de pouvoir ce soir-là dormir en auberge et profiter d'un bon restaurant tenu par un Chinois. Je me rappellerai longtemps de son plat de pâtes sautées et de la cuisse de daim sauce soja. Un vrai cuisinier perdu au bout du territoire birman, à l'orée d'une civilisation d'anciens coupeurs de têtes, le Nagaland.

Mon compagnon et moi sommes chanceux car il y a trois fois par semaine des bateaux rapides qui remontent vers le nord pour la ville de Htamanthi en une demi-journée. J'ai peine à le croire. Alors que nous avons navigué des journées entières sur le Chindwin au sud de la division Sagaing au rythme du zébu, ici un modernisme bien réel semble avoir pris le pas sur le traditionnel. La frontière indienne est très proche, le commerce dans la ville montre des étalages qui regorgent de fruits et légumes que l'on ne voyait absolument pas dans la division Mandalay.

Un bateau rapide part dès le lendemain, il n'y a pas à hésiter. Comme dans le bateau précédent, le coût du trajet est ridicule. Myint Thein doit faire viser le permis de route à la police pendant que je profite d'une bière bien fraîche chez mon Chinois restaurateur qui fait également hôtel.

En Birmanie, hormis les grands centres touristiques ou les grands hôtels appartenant à des personnalités du pouvoir ou chaînes hôtelières internationales, l'hôtel ou l'auberge birmane aux quatre coins du pays est toujours tenue par un Chinois de souche. Le Chinois, tout comme moi, va là où les autres ne vont pas. Partout où il peut s'installer et ouvrir un commerce, le Chinois sera le pourvoyeur de produits indispensables dans la vie au quotidien du Birman. Et en petit poucet au départ, il agrandit son territoire pour devenir l'homme providentiel et indispensable à la communauté où il réside.

En remontant vers Htamanthi, confortablement installé, j'observe les rives verdoyantes sur fond de collines de jungle. L'Inde est proche, le Nagaland traditionnel aussi. J'ai, grâce à ma « feuille de route » tamponnée et signée, le privilège d'être là. Le sentiment que les Nats, ces bons génies-esprits animistes, m'accompagnent pour le meilleur. Sans vouloir l'affirmer, j'ai encore la sensation d'être le premier étranger à fouler cette terre du Nagaland depuis l'indépendance du pays en 1947. Des récits de mes livres de jeunesse sur le continent asiatique, où je découvrais le monde des gens de la forêt aux coutumes étranges et uniques, les Nagas, au même titre que les Wangchos en Inde ou les Dayaks de l'île de Bornéo, étaient et sont peut-être encore à titre exceptionnel, de célèbres coupeurs de têtes. Têtes ornant le fronton des maisons communautaires ou décorant l'arbre des crânes. Dans le cas des Nagas, les têtes ornaient la ceinture du guerrier, coquetterie suprême et preuve d'un courage sans limites.

Htamanthi est une petite ville bien propre mais sans saveur. À l'arrivée il nous fallait trouver un logement pour la nuit et chercher le plus rapidement possible un transport vers Hkamti à quelque cinquante kilomètres au nord. Mon permis de visite de la région naga octroyé par Rangoon, est de quinze jours, pas un de plus, et voilà déjà six jours que nous sommes sur la route. Le temps est compté pour moi, rencontrer les habitants dans les villages proches de la frontière indienne, là où vivent encore les vrais Nagas.

Tôt le lendemain matin, et sur les conseils de notre hôtelier d'un soir qui nous a fourni sur un plateau, pirogue avec moteur « à longue queue » et son pilote, nous partons avant le lever du soleil pour accomplir les cinquante derniers kilomètres qui nous séparent de Hkamti. Le fleuve est devenu une rivière, aux eaux parfois très basses et coudes profonds encombrés de troncs d'arbres effleurant la surface. La pirogue, grâce à cette hélice fixée sur une longue tige d'acier qui par moments touche à peine l'eau, est le parfait outil pour remonter les cours d'eaux capricieux et se jouer des nombreux pièges.

Ce jour-là, le soleil fait une apparition soudaine et furtive, embrasant les eaux et les rives endormies pour faire place quelques temps après à un déluge de pluie. Cela me rappelle exactement les remontées de rivières en Papouasie, entourées de jungle épaisse et des gouttes qui vous traversent le crâne si vous ne vous protégez pas. Le pilote me fait un petit signe rassurant car il sent une légère tension chez moi, alors que nous commençons à traverser des gorges aux falaises abruptes. Spectacle superbe entre roche, jungle et eau. Nous sommes seuls au monde.

Le moteur crachote parfois, et le piroguier doit enlever des racines ou herbes enroulées autour de l'hélice. Il pleut, c'est bon signe, le niveau de l'eau n'en sera que meilleur et la remontée plus rapide. Les arbres immenses par endroits indiquent des forêts primaires inchangées depuis la genèse, un enfer vert aux espèces multiples et surtout nombre de félins comme le tigre ou la panthère tachetée qui parfois rôde la nuit le long des berges. C'est mon piroguier qui me raconte ça, et l'envie de faire du camping nocturne dans les parages ne serait de toute évidence pas une bonne idée, sauf obligation majeure.

Au bout de la forêt, où l'on sent que l'on a pris un peu d'altitude, un plateau se découvre immense avec notre rivière qui serpente entre savane et prairies où j'aperçois des buffles. Hkamti n'est plus très loin et nous atteignons la petite ville en huit heures de trajet. « Un record » me dit le pilote de l'embarcation, car nous sommes en début d'après-midi et il veut retourner direct sur Htamanthi. Avec le courant descendant, il sera au bercail avant vingt heures.

Quel bonhomme ! Redescendre seul la rivière, sans peur d'une quelconque avarie sur le trajet, où il ne devra compter que sur lui-même...

Nous sommes à Hkamti, nous avons remonté le Chindwin sur près de cinq cents kilomètres, un record ! Les locaux me disent qu'aucun étranger n'a jamais fait cela. Je veux bien les croire car le tourisme est ici absent, l'étranger est « une bête rare » et le fleuve un challenge. Je remercie chaleureusement mon accompagnateur Myint Thein de m'avoir accompagné sur un tel périple, sans ronchonner, ou presque. De le voir heureux d'être enfin au terminus, nous redevenons les meilleurs amis du monde.

Nagaland

Hkamti, chef-lieu du territoire nord. Myint Thein a trouvé assez facilement une pension de famille, d'une tenue à faire fuir un birman des villes. Une chambre de deux mètres sur trois, sombre, humide et vermoulue, la salle de bain extérieure aux tuyaux rongés par la rouille et des fenêtres pratiquement inexistantes. Le lit pas plus large qu'une chaise et des draps plus que douteux.

Hkamti n'est pas le lieu idyllique espéré avant d'arriver ici. Les villages traditionnels nagas ne doivent pas se trouver près du centre-ville, c'est sûr ! Contre mauvaise fortune, bon cœur, et avec Myint Thein nous avons trouvé un excellent petit restaurant de cuisine birmano-thaïe, qui le soir venu ne désemplit pas avec de jeunes recrues militaires venues de l'immense camp dressé à l'extérieur de la ville.

Depuis de longues années la région de Hkamti est non seulement le QG des forces birmanes frontalières avec l'Inde, mais surtout une force d'intervention contre les membres loyalistes à la « *Naga State Army* », qui depuis toujours adhère à un rapprochement avec les frères nagas de l'autre côté de la frontière, l'état du Nagaland indien.

Le mouvement de libération de l'état kachin (KSA), qui lutte pour un état indépendant dans les territoires du nord depuis des décennies, est à n'en pas douter un pourvoyeur d'aide matérielle et logistique aux Nagas en Inde, qui eux veulent un état de droit, ayant des conséquences certaines sur le mouvement de libération du Nagaland birman.

La route de Lahe

Voilà deux jours que nous sommes à Hkamti et il me tarde d'aller dans la campagne voir de vrais villages nagas. La veille, à pied, nous avions avec Myint Thein marché près de quatre heures dans les faubourgs de la petite ville, pour découvrir deux ou trois authentiques maisons de clan que l'hôtelier nous avait indiqué. Pas de quoi me satisfaire, même si une de ces demeures traditionnelles avait un très beau pilier central orné de cornes de buffles, identique aux maisons du peuple toraja de l'île de Sulawesi, en Indonésie. Nous attendons le feu vert du chef de la police pour nous laisser partir vers Lahe, le village le plus à l'ouest de la ville, distant de quarante kilomètres et pratiquement sur la frontière indienne.

Je me réjouis d'une telle aventure, les gens de la ville ne me regardent pas comme une bête curieuse, pas comme à Bhamo deux ans auparavant. D'ailleurs personne ne parle vraiment dans le coin en dehors du restaurant et de l'hôtel. Les gens sont silencieux, très certainement à cause des nombreux militaires birmans qui contrôlent la zone.

Le matin du troisième jour, on nous donne le feu vert pour partir en direction du village de Lahe, à la condition expresse de toujours rester sur la route principale et de ne pas s'arrêter jusqu'au bout des quarante kilomètres. Tout le monde acquiesce et une heure plus tard nous roulons avec Myint Thein et le chauffeur au centre d'une campagne plutôt sereine : rizières, buffles, petites maisonnées proches de ce chemin de terre très bien entretenu. Il va en direction de la frontière, il est donc logique qu'il soit mieux entretenu que les chemins aux alentours de Hkamti.

Assez rapidement les collines se dressent devant notre petite Toyota, couvertes de jungle à perte de vue. La route devient de plus en plus sinueuse et je comprends mieux les mots du policier qui nous demandait de ne pas nous arrêter. Une panne dans le coin et c'est foutu, il faut rentrer à pied, aucun autre véhicule croisé. Le mouvement séparatiste Naga peut très bien avoir quelques tireurs isolés dans ces forêts impénétrables. Mais le chauffeur est serein, du moins il en a l'air. Aussi j'arrête de me faire du cinéma et apprécie la nature, arbres immenses, bambous démesurés, bananiers sauvages de plus de dix mètres de hauteur.

Je demande au chauffeur, malgré l'interdiction, d'arrêter parfois le véhicule pour prendre quelques clichés d'arbres démesurés ou un torrent d'eau claire qui émerge comme par enchantement dans un sous-bois. Les feuilles d'un immense camphrier filtrent les rayons du soleil jusque sur cette eau claire descendue des derniers contreforts montagneux birmans. Quarante kilomètres, une paille en plaine, mais ici avec tous les virages, les descentes abruptes et remontées verticales, on avance lentement.

Nous entrons enfin dans le village de Lahe quatre heures plus tard, grâce à une météo clémente et une bonne piste. Maisons de bois et bambou, une artère principale et une grande maison de clan au bout de la rue, le toit en forme de coque de bateau surmonté de deux piliers qui émergent croisés au faîte.

Ma reconnaissance du territoire naga commence vraiment ici. Et va s'arrêter ici dans les minutes qui suivent alors que nous croisons un petit convoi militaire. D'une jeep descend un officier qui se dirige vers notre voiture, parle avec le chauffeur, et nous demande de descendre Myint Thein et moi-même.

Nos papiers sont en règle, passeport et visa pour moi, carte d'identité pour mon guide et les papiers officiels de Rangoon pour ma reconnaissance en territoire naga. Sauf que, l'officier n'a pas franchement envie de discuter ni de sourire, car nous sommes en pleine zone tribale. Les discussions avec Myint Thein se poursuivent, je tente moi aussi de faire valoir notre bon droit par des autorisations en bonne et due forme.

Le militaire semble s'adoucir, je le sens dire oui et soudainement en une volte-face spectaculaire, il nous regarde droit dans les yeux, parle à Myint Thein et au chauffeur d'une voix plus saccadée et nous oblige à faire demi-tour sur Hkamti. Plus rien à espérer, retour à la case départ.

Je ne vous dis pas dans quel état d'esprit j'étais à ce moment-là ! De la colère pure contre le mauvais sort. À quelques minutes près, nous aurions très bien pu ne pas rencontrer ce convoi militaire, le capitaine de section n'aurait peut-être jamais su que nous existions dans le coin. Je maudis mes arrêts en route dans la jungle, alors que le chef de région à Hkamti nous avait dit de ne pas nous arrêter. Si je l'avais écouté, on serait peut-être passé à travers les mailles du filet.

Le trajet retour est désespérément long et je pense sans cesse à ce capitaine qui ne voulait pas que l'on reste dans la région. Trop dangereux à cause des rebelles, ou bien parce qu'un étranger en territoire naga ce n'est pas courant et la méfiance de mise, car nul de vient jamais ici. Et je pourrais tout aussi bien être un journaliste déguisé en touriste venu faire un reportage sur la guérilla. Ou encore, passer en fraude vers le Nagaland Indien qui sert de base arrière aux insurgés nagas birmans.

Un peu de tout cela. Et de repenser à la tête du capitaine, pesant le pour et le contre, son indécision perceptible puis la volte-face soudaine, il est clair que nous n'étions pas les bienvenus à Lahe.

Triste de devoir arrêter une mission si bien commencée, échec d'un projet qui promettait beaucoup... Vingt ans après, j'y repense parfois.

La journée qui a suivi, en attente d'un avion, a été plus prolifique car j'ai découvert dans le grenier d'une vieille maison, d'authentiques objets de guerrier naga : couverture traditionnelle aux motifs variés et colorés, lances, coupe-coupe, chapeau, colliers de corail rouge et mini têtes humaines en bronze, symbole des coupeurs de têtes nagas de jadis.

Arrivé à Rangoon, dès ma descente d'avion, je n'avais qu'une seule idée en tête, expliquer à la direction de Motion Picture, l'organe de presse, télévision et information birman, ma déroute en terre naga et surtout savoir pourquoi avec une autorisation gouvernementale, l'on m'avait mis dehors.

La vie est parfois jalonnée de faits bizarres, car l'on me ressort une histoire récente d'une expédition du Français Patrice Franceschi en territoire naga birman, entré sans autorisation de l'Inde toute proche, sans visa et sans permis de filmer dans une région très sensible politiquement.

D'où le possible refus du gradé sur place qui devait connaître cette histoire. Dans les hautes terres birmanes, là où le combat ethnique et politique se joue, la paperasse de Rangoon n'intéresse personne, surtout si le sujet est un voyageur étranger. C'est la deuxième fois que Patrice Franceschi me pose problème là où je suis passé, ou là où je vais passer. La première fois c'était en Papouasie indonésienne, il avait brûlé des pans de murs en bois d'une case papoue pour se réchauffer. Sujet à guerre tribale pour châtier le fautif.

La fameuse aventure de Hkamti serait rangée dans le tiroir aux souvenirs si, de retour à mon domicile balinais, après avoir sorti toutes les affaires de mon sac de voyage, je ne m'étais fait piquer par l'un des trois scorpions jaunes de dix bons centimètres ramenés du territoire naga, soigneusement cachés dans les recoins du sac. Piqûre au pied, jambe engourdie, impossibilité de marcher correctement au fil des heures. Tout rentra à peu près dans l'ordre le lendemain après un court séjour à l'hôpital.

De toutes ces mésaventures, il était écrit que le territoire naga de l'année 1996 n'était pas vraiment fait pour moi.

Leshi

Janvier 2001 est l'année du deuxième festival naga organisé par les autorités birmanes, et plusieurs clans nagas soucieux d'établir une paix durable dans la région frontalière de l'Inde.

Je suis de retour à Homalin, cette fois-ci avec la compagnie Air Mandalay. L'organisation de la junte militaire est plutôt efficace, le personnel souriant et très serviable, les hôtesses triées sur le volet. Ce deuxième festival en terre naga est encore très mal connu, et les autres voyageurs en ma compagnie sont pratiquement tous birmans. Ce voyage « Spécial Nouvel An Naga » qui permet à quelques privilégiés de découvrir un territoire fermé depuis des décennies est une aubaine car je vais côtoyer durant quelques jours le peuple naga, au plus proche de ses coutumes, me fondre dans la vie et l'histoire de ce peuple sur les cinq jours de périple autorisé et sans être inquiété par la police.

J'ai malheureusement été absent lors du premier festival de l'année 2000 à Lahe. Souvenir, souvenir ! Cinq ans après mon passage éclair, il semblerait que l'armée birmane ait nettoyé la région pour inviter quelques étrangers à résider temporairement et voir un peuple dans ces collines de bout du monde.

Par petits groupes nous montons à bord de bateaux rapides bâchés pour une remontée du Chindwin jusqu'à Htamanthi en quatre heures de temps et confortablement installés. À l'arrivée, nous allons à pied vers un camp de baraquements spécialement aménagé pour les participants au voyage. Les quelques étrangers dans certains quartiers, les ressortissants birmans dans d'autres. Cela me fait sourire car il semble que ce pays n'est pas près de changer d'attitude, la peur des questions qui fâchent, le mode de pensée d'étrangers trop libres par rapport à la retenue birmane.

Les hôtesses de l'organisation qui nous accompagnent depuis Homalin se rendent très utiles pour faciliter l'installation de tous, renseigner dans un anglais impeccable, guider dans ce camp du drap d'or qui recherche la tente mess, le coin repas, les toilettes. La nuit arrive vite et le trajet en véhicule pour Leshi est pour le lendemain matin.

Mon baraquement, en bois solide comme il est souvent le cas dans ce pays, me rappelle mes années de service militaire dans le camp de commando de Sathonay près de Lyon. À l'époque nous étions près de quarante troufions entassés dans une immense salle dortoir, sombre, sans saveur qui me donnait le « blues » chaque soir. Je devais cohabiter avec d'anciens taulards, fortes têtes que l'adjudant se chargeait de corriger au quotidien. Rien de tout cela fort heureusement dans ce baraquement, mais je me suis tout de même retrouvé dans un dortoir habité par près de trente personnes, hommes d'un côté, femmes de l'autre, aucun lit vacant. La nuit fut longue…

Festival Naga

Le lendemain matin tôt, branle-bas de combat. Petit déjeuner terminé, une discipline de camp s'installe. Chacun reçoit un badge à son nom et un numéro qui correspond à un groupe bien précis, dans des véhicules bien précis. Comme à l'armée. Dans les jeeps chinoises nous sommes entassés à huit personnes dans la cabine arrière, et d'office je choisis de monter le dernier pour être le plus près de la sortie et avoir un angle de vue du trajet plus intéressant.

Cinq heures de piste non asphaltée dans la jungle avec des montées et des descentes vertigineuses où le chauffeur demande aux passagers de descendre car le chemin est très glissant sur la latérite, et pour éviter ainsi un possible accident.

L'arrivée en début d'après-midi sur un plateau dénudé de forêt et de grosses bâtisses en bois me rappelle incontestablement l'autre côté de la frontière, Nagaland ou Arunashal indien. Une foule nombreuse se presse déjà à Leshi pour le festival, les commerces de thé et petits restaurants sont pris d'assaut par une foule bigarrée mi-birmane, mi-peuple des montagnes au faciès plutôt tibétain qu'indien. Les jeeps se fraient un chemin dans les petites ruelles jusqu'aux baraquements où les visiteurs vont être logés pendant les quelques jours du festival. Leshi est beaucoup plus sympathique que Htamanthi car en montagne, plus près des villages traditionnels. L'installation a été rapide pour moi, j'ai suivi les consignes à la lettre, posé mon sac dans le casier désigné, mon lit marqué à mon nom, comme à l'hôpital.

Trois jours n'étant pas de trop pour découvrir la région et m'imprégner de la culture naga, j'étais rapidement dans la rue et sur les chemins de campagne à la rencontre des différents groupes venus spécialement à ce festival annuel. Sur le chemin des villages qui part en direction de l'ouest, ils arrivent par groupe de cinq ou cinquante personnes de tous les coins des collines nagas, certains venus pour l'occasion de l'autre côté de la frontière. Avec tous leurs effets, lance ou fusil en main, cheveux coupés « au bol ». Les femmes portent les enfants dans le dos, d'autres d'énormes sacs de riz et légumes dans leurs hottes en rotin.

Tout cela est passionnant et émouvant car je suis seul à l'extérieur du village de Leshi, personne ne s'occupe de moi et avant les heures mémorables du festival qui s'annonce pour le surlendemain, il est bien de voir les différents clans arriver avec armes et bagages sur ces chemins de terre. Qu'à cela ne tienne, je me promets pour le lendemain matin une virée plus lointaine vers les villages. Le soir après le dîner dans nos baraquements, je parcours les camps où sont regroupés les différents clans.

Des centaines de peuples que regroupe la nation birmane, les Nagas forment un groupe restreint mais très certainement le plus coloré du pays. Vêtements où le rouge vif des costumes et couvertures étincelle au milieu de parures de plumes de calao, défenses de phacochère et chapeaux de peaux d'ours. Les dents de tigre ou de panthère ainsi que de nombreux colliers colorés, la ceinture de figurines en bronze représentant des têtes humaines apportent la touche finale du parfait guerrier naga. Impressionnant ! L'on comprend aisément, à la vue de ce peuple, que cette région des deux côtés de la frontière a de tous temps valu des maux de tête aux gouvernants successifs.

De grands feux de bois sont allumés près des camps, car il fait frais la nuit et c'est l'occasion pour tous de se regrouper entre clans amis, déguster la viande de sanglier ou de bison grillée, commenter la cérémonie à venir, s'enquérir de nouvelles des uns et des autres et chanter à l'unisson. Une famille a marché huit jours pour venir ici à Leshi avec enfants en bas âge. L'alcool de riz et de millet sort des maisonnées et chacun boit à satiété, jusqu'au petit matin pour certains qui auront bien du mal à retrouver le chemin de leur camp.

De tous les groupes nagas, les plus importants sont les Leino, les Tangkhul, les Muckury ou les Hemye. Ils forment le bouclier du peuple naga, son ossature et sa légende. Tous sont uniques et leur culture propre diffère légèrement d'un groupe à l'autre, mais ils partagent tous les mêmes croyances et les mêmes pratiques, qu'elles soient agricoles ou politiques. Tous ont été de redoutables et célèbres chasseurs de têtes, les missionnaires ou les soldats de l'Empire britannique ont connu bien des misères durant des siècles. Aujourd'hui encore, même si la chasse aux têtes est un fait du passé, le gouvernement birman a bien du mal à endiguer la fibre patriotique du peuple naga, de même du côté indien.

Assis une bonne partie de la nuit avec quelques familles autour d'un feu, j'ai été le bienvenu à partager viande grillée et alcool de riz, assurément l'un de mes plus beaux souvenirs de rencontres birmanes, au contact d'un peuple étonnant, méconnu. Je remercierais presque le gouvernement de nous avoir, pendant les trois jours de ce festival d'une authenticité absolue, permis de côtoyer en toute liberté un peuple fier de sa coutume et de son aura.

Le lendemain matin, tôt, je décide de partir à pied vers le ou les villages entrevus du haut des collines dénudées de forêt. Je n'ai qu'à suivre le flux et le reflux des locaux arrivant au festival ou repartant dans la campagne chercher bois et victuailles pour les nombreux visiteurs. Deux soldats gardant un carrefour se dirigeant vers la frontière indienne me surprennent au détour d'une courbe de chemin. Ils me sourient, ce qui est plutôt étonnant dans ce pays où j'ai rarement vu sourire un militaire. Je leur offre cinq dollars pour que l'un d'eux me guide vers le haut des collines pour apercevoir l'Inde, que je sais tout proche. Un soldat est d'accord à ma grande surprise, même si nous ne parlons pas le même langage. Le dollar est comme un aimant, il est le langage compris de tous.

Nous avons marché deux heures à vitesse rapide et en silence jusqu'au moment où, au sommet d'un raidillon, le soldat me regarde et d'une voix neutre, bras levé, me montre par-dessus la colline boisée, l'Inde, le Nagaland indien. Photo de famille avec le soldat, la vision des forêts alentour et le sommet du pic Saramayri qui se détache, hautain, des collines arrondies et culmine à plus de trois mille huit cents mètres. Retour rapide au pas de course la plupart du temps, le soldat suit car je pense qu'il veut lui aussi être de retour à son poste le plus rapidement possible. Une heure à peine et tout rentre dans l'ordre au poste de garde. Poignée de main franche cette fois, je me suis fait deux copains soldats.

Il est encore tôt ce matin, pas plus de dix heures, j'ai encore une bonne partie de la journée en découverte de la campagne naga. Marchant à bonne allure vers un village dénommé Na Me Yuu Pee, je croise de nombreux groupes de villageois se rendant au festival. Personne ne semble surpris de la vue d'un étranger dans le coin, alors qu'en cette année 2001, les pistes de trek au Nagaland birman sont interdites, sauf aux abords immédiats pendant le festival du nouvel an. Ils n'ont de toute façon pas de mal avec nous, car les quelques étrangers présents ne vont pas tous détaler comme moi sur les chemins des collines naga. Il y a déjà tant à voir à Leshi.

Le peuple me paraît plus subjugué par l'aura du festival et le fait de rencontrer une fois l'an tous les autres groupes nagas, que par la vue d'un blanc en promenade dans la campagne. Pas de police aussi et cela me relaxe totalement. Le village de Na Me Yuu Pee est par contre totalement dépeuplé de ses habitants, seuls les vieux et quelques enfants en bas âge avec leur mère habitent les lieux. Tous les autres sont au festival. Nous sommes aussi en saison sèche, les récoltes sont finies, la campagne s'égaie en ce jour ensoleillé. Les terrasses des champs de millet sont les prairies des vaches et autres mithuns (bison asiatique).

Mais c'est aussi la vue des superbes plantations d'orangers aux fruits mûrs à souhait que je cueille et déguste en marchant.

J'ai le temps d'offrir une cigarette à un ancien, vieux comme les cornes de buffles accrochées au pilier central du Pan, la maison de clan. Je ne m'attarde guère dans ce beau village aux maisons de bois et toits de chaume, car ce soir les festivités commencent vraiment, tous les clans nagas sont bien arrivés.

La veille au soir du festival (qui va avoir son pic dès six heures du matin le jour suivant), Leshi est en effervescence. Les marchands ambulants vendent peaux d'ours et de serpents, d'autres dans leur mini tente improvisée vendent d'authentiques costumes et couvertures nagas, colliers en corail rouge, dents de léopard ou d'ours. Certains clans ont marché plus de dix jours pour faire partie du cortège. Il fait assez froid cette nuit-là et de grands feux sont allumés çà et là à l'extérieur du village. Le Naga lui n'a pas froid, la chaude couverture de laine que chacun porte dès le soir venu est très certainement mieux adaptée que mon pull-over.

L'alcool de riz aidant, quelques hommes se lancent dans une danse syncopée, danse du guerrier à la chasse au tigre qui parfois hante les jungles entre l'Inde et la Birmanie. Soudain un danseur s'écroule à terre, mime l'animal blessé, alors que d'autres guerriers armés de leurs lances entonnent leur cri de guerre, sautent et entourent l'homme-animal et font mine de l'achever.

Les cris redoublent, l'homme camouflé sous sa

couverture daigne enfin se montrer et chacun part dans un éclat de rire qui se propage à toute l'assemblée. L'alcool de riz conservé dans des tonneaux de cent litres et bu à la paille fera le reste du spectacle.

Six heures, ils sont déjà tous là sur l'immense terrain qui accueille le festival du nouvel an naga. Un tambour d'une longueur de vingt mètres (confectionné dans un énorme tronc d'arbre), résonne sous la maison de clan, qu'accompagne le son des flutes joué par une assemblée de jeunes filles.

Un groupe d'une vingtaine de guerriers débarque en portant un totem et le plante au centre des festivités. La foule laisse libre cours à sa joie. Au sommet du totem est attaché un grand panier en rotin de couleur ocre d'où émerge un visage humain fait de bois et peint en blanc, symbole des chasseurs de têtes. Un ancien s'avance, coupe la tête de trois magnifiques coqs de bruyère aux plumes colorées et badigeonne la base du totem du sang des volailles sacrifiées, apportant ainsi de bons augures sur la cérémonie à venir.

Une trentaine de clans différents, qui autrefois se faisaient la guerre les uns les autres, partagent aujourd'hui le même rituel sacré. Chaque groupe composé de trente à cinquante guerriers se présente avec force chants de guerre et danses syncopées. Tribus aux costumes très colorés ou le rouge carmin émerge entre couleur noire et blanche. Certaines couvertures portent des motifs de chasse au tigre ou de l'éléphant sauvage. Pour les anciens du clan, des parures ornées de cauris et dents de phacochères ainsi qu'un collier où sont représentées des têtes humaines en bronze. Symbole de la vaillance du personnage qui jadis a guerroyé entre collines de jungle et montagnes à la conquête de villages ennemis pour ramener esclaves et têtes humaines.

D'observer ces quelques vieux chefs nagas édentés mais dignes dans leur costume me laisse à penser qu'ils ont, en leur temps, été de vrais leaders et de redoutables guerriers. Les plus jeunes chefs eux, musclés, tatoués sur la poitrine et le cou, beaux dans leur parure de fête, ont comme le « feu dans les yeux », preuve s'il en est qu'ils sont fiers, courageux et hommes d'honneur. Ils se doivent de le prouver en ce jour béni des dieux nagas.

Une grande partie de la journée, alignés en plusieurs groupes, hommes et femmes défilent superbement habillés. Autant certaines jeunes filles sont belles et racées dans leur costume chatoyant, la poitrine et le lobe de l'oreille ornés de lourds colliers et boucles d'argent, autant elles ne peuvent surpasser la gloire des hommes et leurs majestueux costumes et décorations. Du grand art pour certains !

Le son des gongs rythme les chants. Certains clans sautent à pieds joints dans une danse syncopée qui me rappelle le peuple masaï au Kenya. Un autre groupe d'hommes, les visages entièrement tatoués et surmontés de casques en rotin serti de plumes et défenses de phacochère, entonne un chant de guerre à pleins poumons, lances, coupe-coupe et boucliers en peau de buffle pointés vers le ciel. La guerre entre clans ne semble pas si loin, lorsque deux groupes de guerriers s'affrontaient dans les jungles, en embuscade, pour venger la mort de l'un d'eux ou le vol d'une épouse. La dernière génération a aboli la chasse aux têtes, il y a quarante ans, tout au plus.

Dans ces moments-là, le peuple semble à l'unisson, même si l'on voit très bien que les militaires veillent au grain et s'installent dans une tribune surélevée avec quelques dignitaires nagas.

Les Nagas sont les rois de la forêt, leur territoire depuis toujours est composé de jungles et de montagnes, et si aujourd'hui l'agriculture se développe progressivement, la population chasse la plupart du temps. Les Nagas sont des chasseurs, la chasse est leur culture, leur honneur et leur bien-être. Ce sont également de puissants marcheurs, habitués aux efforts dans une région qui ne connaît pas de réseau routier, juste des chemins de terre.

Avoir la chance d'être là, en contact direct avec un peuple on ne peut plus méconnu, reste l'un des moments forts dans mes différentes découvertes de ce pays.

Auparavant, chaque tribu naga faisait la guerre à son voisin. Les querelles se sont tues lors de l'union sacrée contre le Birman après l'indépendance, ce qui a fortement aboli la chasse aux têtes, commune au territoire tout entier pendant des siècles.

Aujourd'hui le territoire naga semble pacifié, quelques groupuscules vont et viennent des deux côtés de la frontière mais ce n'est plus comme avant, lorsque je suis allé seul avec mon accompagnateur, dans un territoire encore fermé à l'étranger.

Il ne faut cependant pas se leurrer, le territoire naga, en dehors du festival annuel de janvier, n'est pas la terre où l'on peut marcher et découvrir à sa guise. En 2018, il faut toujours un permis spécial délivré par le ministère des armées et être encadré par les services d'une agence gouvernementale. La marche à pied de village en village y est toujours interdite.

Le chat sauteur

Avec Bernard Guerrini caméraman et réalisateur de documentaires télévisés, j'avais contacté lors d'un précédent voyage U Weh Pula Thiri, un moine du monastère des chats sauteurs, Nga Phe Chaung. Un immense ensemble monastique en bois de teck sur pilotis au-dessus des eaux du lac Inle en territoire shan, et qui recèle des bouddhas de dimension fort respectable en bois dorés à la feuille, d'une valeur inestimable.

Ce monastère est également connu pour sa bande de chats qui occupent les lieux et dont les moines, en passe-temps favori, leur apprennent à sauter à l'intérieur d'un cerceau, comme au cirque. Et ça marche ! Pula Thiri le moine est très fier de ses chats, que l'on peut découvrir les fins de journée où le soleil écarlate illumine le monastère et les jardins flottants.

À notre requête de suivre sa vie au jour le jour, le filmer dans son quotidien, s'ajoutait le fait qu'il devait partir voyager avec nous, comme dans un bon pèlerinage à travers le pays et d'aller découvrir des coins qu'il ne connaissait pas ou retrouver des amis d'antan. Pula Thiri a de suite adhéré à notre projet, à la condition première que son moine supérieur accepte une telle demande, vivre hors du cercle monastique pendant une quinzaine de jours, ce qui n'est pas, convenons-le, le signe d'une grande ascèse chez lui.

Ensemble nous avons parcouru la Birmanie centrale, Mandalay où il nous présenta à son maître dans un monastère proche de la pagode de l'Arakan. Je me souviens du père supérieur qui, dans son for intérieur ne savait pas s'il devait être concentré sur nos personnes et nos questions, ou plutôt intéressé et interloqué en la personne de Pula Thiri le moine qu'il avait connu moins fringant. Je sentais Pula Thiri fier de se présenter devant son maître en notre compagnie et de se prosterner à n'en plus finir.

Dans notre cheminement, halte obligatoire à la grotte aux huit mille huit cent un bouddhas de Pindaya, en territoire pa-o. Un émerveillement pour le pèlerin ou le voyageur étranger qui, pour la première fois, ayant dépassé le fronton se trouve confronté à une forêt de bouddhas assis qui regardent dans toutes les directions. L'or scintille sous les lumières blafardes et les bougies allumées par les pèlerins. L'on s'enfonce alors dans une caverne d'Ali-baba ou dans un conte de fées vers le silence et les mille visages du bouddha qui vous regarde passer. Sublime !

Dans un recoin de galerie, une mini grotte que l'on atteint à quatre pattes est le refuge de dévots qui viennent en méditation ou pénitence dans un calme absolu. Pula Thiri, qui visitait la grotte pour la troisième fois, se sentait transporté devant tant de plénitude. Les peuples d'autrefois, qu'ils soient shan ou pa-o avaient caché ici dans cette anfractuosité rocheuse les milliers d'images de bouddha, hors de la vue des armées de Kubilai Khan. Le Mongol ne respectait rien, surtout pas les bondieuseries des peuples de jadis. L'on peut remercier aujourd'hui ces fidèles d'avoir, au mépris d'un danger certain, su cacher et protéger des trésors historiques et religieux.

Pula Thiri, quelques jours auparavant, nous avait promis une rencontre qu'aucun étranger n'avait connue à ce jour. Dans un monastère campagnard à une heure de route à l'est de Pindaya, vit un vieux moine de quatre-vingt-onze ans, Kon Lon Sayadaw le révérend du village. Le moine n'a mangé toute sa vie que des abricots et sa peau sent le fruit.

Une croyance locale veut que si l'on sent les jambes du moine, en se prosternant à ses pieds, l'odeur qui s'en dégage pénètrera les poumons des fidèles qui auront une vie meilleure dans l'au-delà, un bon karma à la hauteur de l'acte effectué. La croyance ou superstition dans le bon peuple est telle que le moine est adulé dans la région et bien au-delà. L'on vient de très loin pour acquérir des mérites et sentir les mollets du très vénéré sayadaw.

Chaque jour qui passe dans le voyage est invariable avec Pula Thiri concernant son heure de repas. En effet un moine birman ne mange qu'une fois par jour et cet unique repas doit être effectué avant onze heures du matin. Les premiers jours c'était un peu le stress car nous roulions en pleine campagne et pas de petits restaurants de route où s'arrêter. Si onze heures étaient dépassées, Pula Thiri en était quitte de jeûner vingt-quatre heures supplémentaires ou de croquer quelques biscuits avant l'heure fatidique.

L'un des moments forts du périple avec lui, fut son retour à Rangoon après plus de cinq années passées dans le monastère du lac Inle. Sa famille qui avait été avertie par téléphone du retour de « l'enfant prodigue » attendait devant le perron d'un immeuble quelconque de la périphérie de la ville. Sa femme en tête et les enfants qui ne disaient mot derrière (car leur père est un moine, un homme vénéré en Birmanie que l'on ne doit pas toucher ou embrasser), nous reçurent poliment avec ce brin d'anxiété de revoir un mari ou un père rentré dans les ordres, absent de longues années et accompagné d'étrangers.

L'histoire de cet homme est assez étonnante pour nous, bien plus quelconque dans l'univers birman. Ancien homme d'affaires dans la vente de biens de consommation, Pula Thiri avait dans le passé assez bien réussi, possédait un peu d'argent et s'était marié avec une fille de sa région qui lui avait donné trois enfants. Mais il avait quelque peu outrepassé ses obligations familiales en sortant la nuit, s'était mis à boire et rencontré quelques filles de joie. L'ambiance familiale en pâtit et pris de remords il se confia à un prêtre du monastère de son quartier qui lui proposa de couper cours avec sa vie antérieure et de pencher vers un futur plus brillant pour lui. Il lui fallait entrer dans les ordres pendant une période déterminée jusqu'à ce qu'il redevienne pur ou, renoncer à la vie quotidienne et endosser la toge de moine, à vie.

Sa décision de quitter sa famille un beau matin, à l'image du prince Siddhârta, devenu le Bouddha, se fit de plus en plus pressante. Mais au lieu de faire comme le prince, c'est-à-dire quitter le palais de nuit pour chercher sa destinée sur les chemins de son aventure, il en parla à sa femme et ses enfants qui virent d'un bon œil le père se remettre dans le droit chemin et leur revenir, un jour, en homme neuf.

À notre entrée dans l'appartement familial de Rangoon où s'entassent près de dix personnes, la grand-mère est aux anges, son petit-fils rayonne comme jamais, il est la voie qui transporte la sagesse. Il ne peut en être autrement dit-elle, à la vue d'étrangers de la télévision. Son petit-fils est sur la voie du renouveau.

Il en est ainsi en Birmanie depuis toujours, un homme peut quitter femme et enfants s'il en sent le besoin, et sans que cela ne lui soit reproché. Dans la mesure où il va accomplir dans un monastère son devoir de sagesse, être confronté à la vérité plus près de Bouddha, l'éveillé, il est libre de choisir.

À la fin du tournage, Pula Thiri est retourné en bus vers son monastère de Nga Phe Chaung sur le lac Inle pour un temps indéterminé, vers sa vraie vie. La famille est restée de marbre, sa femme ayant depuis longtemps compris qu'il ne reviendrait plus au foyer, il était devenu un vrai « *pongyi* » et plus tard peut-être un « *sayadaw* » ou maître de cérémonie.

Après les remerciements du fond du cœur pour ce voyage unique pour lui, de notre respect envers son ordre, il n'était pas question avec un moine de parler argent. Lorsque l'on entre dans les ordres, l'on ne doit plus accepter d'argent, la règle est très stricte si l'on veut suivre les enseignements du Bouddha. Aussi pour bons services rendus, nous décidâmes d'un commun accord de verser une somme d'argent pour l'enfance défavorisée de Birmanie.

Bien des années plus tard, lors d'un passage au monastère de Nga Phe Chaung, je remarquais que U Weh Pula Thiri n'était pas dans ses quartiers. Un novice m'informa du départ de son ami moine avec une belle italienne de passage. Ainsi soit-il…

Le moine aviateur

Jusqu'au début de l'année 2000, vivait un moine retiré du monde dans le grand monastère jouxtant la grotte de Pindaya. Le chemin conduisant près du saint homme suivait une forêt de stupas très dégradés par le temps où les niches vides semblaient avoir fait le bonheur de nombreux pillards.

Dans un anglais impeccable d'Oxford, U Than Sein, assis en tailleur dans l'immense et unique pièce, me reçut un beau matin tout sourire. Nous avions rendez-vous car j'avais un cadeau pour lui, promis lors d'un précédent voyage.

U Than Sein était un ancien pilote de chasse d'une unité spéciale au service de la Royal Air Force britannique qui combattait contre les Japonais pendant la seconde guerre mondiale. À ce titre, il avait été honoré pour ses faits de guerre et après l'armistice était revenu dans sa région, se retirer du monde et devenir moine, un sayadaw, un saint, vénéré par la population.

Tout ce qui touchait de près ou de loin à l'aviation le passionnait toujours beaucoup et ses souvenirs remontaient à la surface lors de nos réunions informelles. Le moine n'avait pas son pareil pour expliquer en détail les engins volants de l'époque, les moteurs, les ailes, les sensations en vol. Mais surtout les combats, car il avait eu en main un « spitfire » britannique, la Rolls des avions de chasse pour l'époque et peu d'élus pour piloter ce genre d'engin d'une fougue extrême.

U Than Sein était donc un excellent pilote de chasse, aguerri aux tâches difficiles. Un pilote reconnu pour ses prouesses, ce qui dans le monde très fermé des pilotes britanniques ne devait pas être si facile à accorder à un étranger.

La pièce principale du monastère tricentenaire construit en teck massif avait de quoi surprendre le pèlerin ou le voyageur étranger, car sur chaque pilier était accroché un calendrier avec des clichés d'avions ou photos découpées dans des revues spécialisées. Quelques photos en noir et blanc le montrait en habit d'aviateur avec ses collègues britanniques.

Je lui apportais ce jour-là une maquette du Concorde, plusieurs calendriers et photos d'avions commerciaux, ainsi qu'une bande dessinée de Buck Danny « Attaque en Birmanie », qui le fit bien rire et qu'il rangea soigneusement dans son placard.

J'ai croisé le chemin de U Than Sein régulièrement avant son décès en 2004. Le moine a toujours été égal à lui-même, toujours assis dans la même position dans son immense monastère avec deux ou trois moinillons venus nettoyer les coursives ou préparer son repas. Je me suis passionné des histoires de ce personnage singulier, les Japonais et leurs fameux avions Zéro, les kamikazes et sa chance d'être encore en vie à la fin de la guerre. Il ne pouvait finir sa vie ailleurs que dans un monastère propice à la méditation et fuir ses jeunes années où la fougue l'emportait sur la sagesse.

Le général Aung San en 1943 avait choisi de s'allier avec

les Japonais pour mettre les Anglais en dehors de Birmanie, U Than Sein avait choisi la voie inverse, mettre dehors les Japonais avec l'appui bienfaiteur de l'aviation britannique. Et il respectait énormément Aung San, pour son charisme, sa foi en la victoire finale, l'indépendance d'une nation de près de trente millions d'habitants à l'époque.

Le musée de l'aviation de Rangoon, que j'ai pu visiter peu après son ouverture en 1996, recèle des trésors bien cachés depuis la fin de la dernière grande guerre du Pacifique. J'ai pu découvrir les avions de chasse qui alimentaient mes rêves d'enfant lorsque je lisais les bandes dessinées ou que j'écoutais mon père nous parler de sa propre expérience de soldat, à la maison. Dans un hangar d'une artère conduisant vers la pagode Shwedagon, quelques avions anciens comme le « Hawker Sea Fury » ou le « Chipmunk », mais surtout une demi-douzaine de « Spitfire » et « Seafire » britannique, en parfait état, sont rangés côte à côte. Étonnant que ces avions aient pu être gardés secrets pendant un demi-siècle. Retour dans le passé garanti et tout est flambant neuf.

Arakan

Dhanyawadi, Vesali, Mrauk-U.

Un trésor archéologique et une civilisation exceptionnelle. Une statuaire superbe et les plus beaux bouddhas de Birmanie.

Voilà qui est dit et c'est très certainement ce qui m'a attiré dans le territoire de l'Arakan, proche de la frontière du Bangladesh. Car si l'on veut connaître un autre âge des bâtisseurs, une autre rencontre avec le bouddhisme, l'on se doit de voyager vers le site prestigieux de Mrauk-U.

À la pagode Mahamuni de Mandalay, rappelez-vous le bouddha de l'Arakan, rapporté dans les conquêtes guerrières par le fils du roi Bodopeya au XVIIIe siècle. Vénéré par la population de la ville de Mandalay et réclamé jusqu'à ce jour par une population inconsolable de la perte de son guide spirituel, statue de bronze de quatre mètres de hauteur, le symbole de la puissance arakanaise de jadis.

Ce bouddha, historiquement, est très certainement le plus vieux du pays, datant de plus de deux mille trois cents ans alors qu'il embellissait la deuxième capitale de l'Empire, Vesali, quelques kilomètres en amont de Mrauk-U.

L'on comprend rapidement pourquoi le voyageur ne se rend pas en Arakan aussi facilement qu'à Pagan. Le territoire est barré par une longue chaîne de montagnes, les Rakhine Yomas, celles-ci constituant une barrière de communication entre les peuples vivant de part et d'autre.

Pourtant ce peuple de descendance similaire, pratiquant dans sa grande majorité la même religion et partageant le même langage que les Birmans, a toujours su préserver sa culture propre et des dialectes bien distincts.

Le meilleur moyen de se rendre en Arakan reste l'avion vers la ville de Sittwe, d'où l'on prend une pirogue à moteur pour traverser un bout de delta, qui peut se montrer capricieux à certaines heures de la journée avec les marées, et remonter le cours de la rivière Kaladan. Un trajet fort agréable d'une soixantaine de kilomètres qui m'a rappelé la remontée du Chindwin, avec le bétail qui broute l'herbe des bords de la rivière, le paysan au champ en famille et la sensation d'aller à la découverte d'une terre oubliée, où personne ne vit.

Tout comme Pagan, Mrauk-U ne se découvre pas en un seul voyage. Briques et pierres des temples, couleurs, lumières, moines, ombres, silence, tout invite à prendre son temps, à sentir les effluves d'un passé-présent qui semble ne jamais avoir changé, ni de forme, ni de place. Mrauk-U est un village marché aujourd'hui, à l'ombre d'arbres bicentenaires, où l'on peut voir les paysans des collines toutes proches venir vendre le produit de leur labeur.

La « cité ancienne », dernière capitale royale arakanaise, doit sa renommée à ses ruines et recherches archéologiques, ses murs de temples peints de scènes de la vie des princes d'antan ou du Bouddha, et de ses influences de la mythologie hindoue. La beauté des lieux est une porte ouverte à la rêverie, lorsque les brumes matinales s'effacent lentement pour découvrir temples et pagodes de collines en collines.

Au sommet de sa gloire, Mrauk-U se nommait la « cité d'or », grâce à ses richesses exceptionnelles et son influence sur des peuples aussi divers que khmers, birmans, thaïs, indiens et européens venus commercer ou coloniser la région.

S'il ne reste que très peu de monuments dans les anciennes capitales de l'antiquité que sont Dhanyawadi et Vesali, Mrauk-U s'enorgueillit de conserver intacts temples et pagodes, chemins princiers et murs de pierre, tours de guet et mini-fortins. Fondée au XVe siècle, la ville royale a été le siège de la dynastie arakanaise jusqu'à l'annexion par les Birmans au XVIIIe siècle puis par les Anglais au XIXe siècle. Ceux-ci dans l'espoir de briser à la base l'influence des princes, déplacèrent la capitale à Sittwe en bord de mer pour plus de visibilité commerciale.

Mrauk-U retomba dans l'oubli pendant un siècle pour renaître via le développement touristique dès les années 1980. Surtout grâce à l'œuvre d'éminents archéologues locaux et birmans, soucieux de conserver un héritage bouddhique de grande importance contre les larcins de tous ordres.

L'ancien palais royal est le centre du monde cosmique de Mrauk-U. Selon les légendes et les écrits rapportés par les envahisseurs portugais au XVIe siècle, le palais était d'une merveille incomparable avec ses gigantesques piliers de teck, ses murs d'or et de pierres précieuses, et les senteurs de bois de santal émanant des sols. Il ne reste aujourd'hui que des murs décrépits…

Par contre ce qui aujourd'hui galvanise une visite à Mrauk-U est incontestablement le temple de Shitthaung et son mausolée souterrain de quatre-vingt mille images du bouddha, rapportées de tous les coins de territoires conquis au XVIe siècle par l'un des rois les plus puissants de la dynastie, le roi Minbin. Ces images du bouddha sont enchâssées dans cent huit reliquaires. Une merveille que le voyageur d'aujourd'hui peut admirer dans un calme absolu.

Tout comme à Pagan, une visite de l'immensité du site de Mrauk-U et des environs ne peut se faire qu'à bicyclette pour ressentir cet autre âge des bâtisseurs. Arpenter des chemins de poussière ou de terre, escalader des collines et découvrir derrière un mur végétal d'autres merveilles comme le temple forteresse de Dukkhanthein et ses niches habitées de centaines d'images du bouddha. Au lever de soleil, le bouddha principal au centre de l'une des chambres profite du premier trait de lumière du matin distillé via une petite fenêtre à claustra, pour s'illuminer ensuite comme par magie. Plus loin, la pagode Pitakateik offre une façade richement sculptée tout comme le temple Le Myet-Na et ses différents bouddhas assis dans un corridor en arc de cercle, qui prennent la terre à témoin et invitent à la méditation.

À l'est, l'immense pagode Kothaung supposée avoir abrité quatre-vingt-dix mille images, avec ses chambres aux statues de bouddha aujourd'hui sans têtes que les voleurs dans les années soixante-dix et quatre-vingt ont pillées. L'éloignement de la pagode dans la campagne y a contribué et les malfrats pouvaient de nuit travailler en toute quiétude. Un bis repetita de Pagan, Kaku en territoire shan et tant d'autres…

Enfin, pour mieux commencer ou finir sa journée d'exploration, il faut aller en direction du sud et découvrir les pagodes Shwe Taung et Zinamanaung sur la plus haute colline de Mrauk-U dominant tout le site archéologique et le lac Lattsaykan au beau milieu d'une végétation intacte. Là encore, du grand art !

Ngapali

J'aime Ngapali au sud du territoire de l'Arakan. J'aime cette solitude d'une terre au bord de la mer qui semble ne jamais avoir changé depuis des siècles. Les cocotiers sont toute la splendeur du lieu, et forment cette barrière d'un vert uniforme qui contraste harmonieusement avec le blanc immaculé de plages au sable d'une finesse de soie. La mer s'insinue joliment dans ce cadre de nature grandiose. On est seul à marcher sur des kilomètres, sans voir âme qui vive, pour enfin rencontrer le pêcheur qui rentre de son périple quotidien avec filet et quelques belles prises pour le repas du soir, à la maison.

J'aime Ngapali pour sa pudeur et son charme, enfouie dans la verdure. Vu de la plage, nul ne saurait dire si le fouillis de jungle est habité. Respect de la nature, respect de la mer, respect du voyageur. Cela compte énormément pour moi qui ai œuvré une grande partie de ma vie à organiser des voyages insolites et documentaires télévisés sur la protection des sols et de la mer.

Il y a à peine dix ans, l'on pouvait acheter le produit de la pêche directement dans la barque du pêcheur où les langoustes se monnayaient à deux dollars pièce, le rouget ou la daurade pour un dollar. Les petits restaurants de quartier sur la petite route parallèle à la mer étaient du pain béni avec leurs grillades de poissons et gambas.

Les habitants de l'Arakan sont d'une gentillesse absolue, prêts à tout pour satisfaire le voyageur, un phénomène si rare aujourd'hui qui contraste avec ce que l'on voit et ressent ailleurs.

Puisse le nouveau gouvernement birman protéger cette perle côtière de l'avidité des nouveaux bâtisseurs modernes !

Rohingyas

Bien avant l'indépendance de la Birmanie, les conflits entre fractions musulmanes, hindoues et bouddhistes ne se comptent plus en Arakan.

Aujourd'hui, il apparaît clairement à la lecture historique de la région que le peuple rohingya, qui a servi avec abnégation et courage dans les rangs britanniques pendant la Seconde Guerre mondiale, face aux Japonais (et dont les aspirations à la fin de la guerre étaient l'indépendance), s'attendait très certainement à un autre traitement de la part du gouvernement de sa majesté. Celui-ci fit volte-face et donna les clés de la région à un gouvernement birman, bouddhiste.

Ils sont musulmans, la majorité birmane bouddhiste. Ils sont pour certains l'héritage du colonialisme britannique mais aussi des voyageurs venus du grand voisin bangladeshi (autrefois le Pakistan Oriental) depuis des lustres. Le peuple rohingya est le damné d'une terre oubliée du monde birman, tout comme Mrauk-U la divine le fut en son temps. L'Arakan à son apogée eut une histoire florissante, les Rohingyas y trouvaient leur compte aussi et commerçaient le poisson ou les denrées de nécessité entre les deux frontières, en hommes libres.

Parias aujourd'hui, devenus pour certains une force d'opposition au gouvernement d'obédience bouddhiste, guérilleros contre l'oppresseur de religion différente et de vision gouvernementale différente, le peuple rohingya subit depuis quelques années des persécutions à grande échelle qui portent un discrédit sur la politique d'union de la Ligue nationale pour la démocratie. Ils s'entassent au quotidien dans des barques d'un autre âge, surchargées, pour s'exiler principalement vers le sud, l'île de Sumatra et le territoire d'Aceh. Ou ils retournent en marche forcée vers le Bangladesh, la terre de leurs ancêtres qui elle aussi ne veut plus d'eux.

Les massacres des derniers mois de 2016 et 2017 dans cette région du haut Arakan nous rappellent combien le dossier est difficilement solvable. Et Aung San Suu Kyi ne paraît pas en mesure de trouver la bonne solution face à un pouvoir militaire et un clergé bouddhiste toujours très présent.

La doctrine de Bouddha

L'existence individuelle selon Bouddha n'est qu'un moment dans le cycle des réincarnations, ou samsara. Elles seront déterminées par le karma, croyance selon laquelle tout acte, bon ou mauvais, entraînera des conséquences dans la vie présente ou future.

À l'origine de la douleur universelle est la soif d'exister. Le bouddhisme repose essentiellement sur les textes des quatre nobles vérités énoncées par Bouddha :

« L'existence conduit inévitablement à la souffrance.
L'origine de la souffrance réside dans les passions.
Pour anéantir la souffrance, il faut supprimer les passions.
Pour supprimer les passions, il faut une discipline. »

C'est ainsi que je vois nombre de Birmans lors de mes visites à la pagode Shwedagon de Rangoon, au Rocher d'Or de Kyaiktiyo ou encore à la Mahamuni de Mandalay. Hommes et femmes en prière et longue méditation transcendantale, des êtres « ailleurs » en contact certain avec l'esprit, des êtres simples à la pensée sincère, une des clés d'une vie meilleure sur terre et dans l'au-delà. La méditation était très certainement une porte de sortie vis-à-vis du sort réservé à la nation par la police politique, une voie parallèle obligatoire pour continuer de vivre dignement, à la recherche du moi intérieur mais aussi à la survie journalière de la famille.

J'ai apprécié des heures entières regarder ces femmes serrées dans leur longyi, hommes et moines au visage impassible, assis en tailleur, immobiles des heures durant au contact d'une autre vie. Parfaite méditation où l'esprit s'envole dans le lointain pour réapparaître plus fort et souverain.

J'ai souvent profité de cette vision paisible du peuple pour, moi aussi, me recueillir vers les allées désertes des cours extérieures de la Shwedagon. Assis en tailleur, proche d'un banian, le bouddha me regardant fixement allumer un bâton d'encens, je m'imprégnais de l'atmosphère surréaliste des fins de jour où le soleil rougeoyant darde ses rayons de feu sur l'or des temples. J'affirme que dans ces moments-là, j'étais un homme heureux, au contact d'une autre vie.

La méditation est supérieure à la réflexion.

Car réfléchir c'est chercher.

Et méditer c'est trouver.

Cyclone Nargis

Sur la route des plages de Ngwe Saung au sud-ouest du pays, les gens pleurent toujours leurs morts, leur territoire de rizières. Le cyclone Nargis est passé dans le delta de l'Irrawaddy un beau jour de mai 2008, en provenance du golfe du Bengale. Tout fut rasé en l'espace de quelques heures sur cette terre plate, qui s'élève à dix mètres au-dessus du niveau de la mer. Des vents de deux cents kilomètres par heure, vagues immenses poussées par les vents violents qui remontèrent jusqu'à plus de quarante kilomètres à l'intérieur des terres en empruntant les nombreux bras du fleuve Irrawaddy. Rangoon la capitale a évité le pire, le cyclone s'étant légèrement déporté pour continuer sa route vers Pegu, mais les arbres centenaires qui faisaient la beauté des artères principales de la ville, sont tombés comme dans un jeu de quilles.

Le bilan après vingt-quatre-heures de tempête fut lourd. On a parlé de cent vingt mille morts et disparus et aucune aide extérieure possible à cause de routes dévastées, ponts coupés, campagne inondée et véto des forces armées birmanes.

Dans les jours qui ont suivi le cyclone, interdiction à quiconque de se rendre dans la région karen du delta de l'Irrawaddy. Routes coupées dès l'approche de la petite ville de Bassein. On peut parler d'un ouragan, véritable tsunami où les frêles maisons de chaume de la population paysanne se sont envolées comme fétus de paille. Les immenses plaines du delta de l'Irrawaddy, le grenier à riz du pays, ont été envahies par les eaux de la mer, vagues de plus de sept mètres de hauteur qui se sont jetées sur les côtes avec une force inouïe. Villages rasés, population submergée par les flots et qui n'avait reçu aucune information de la proximité d'un ouragan, le gouvernement ayant préféré faire silence et par la suite empêcher toute tentative de différentes ONG locales ou population civile qui voulaient venir en aide, se rendre sur les lieux. De même, dans les jours qui suivirent, les bateaux étrangers au large du golfe avec tous les équipements nécessaires pour sauver des vies, étaient interdits de débarquer.

L'on peut assurer que les généraux birmans, en ces jours maussades, ont été les pires bourreaux du pays, des gens sans cœur et sans pitié pour leurs semblables. Un jour prochain, ils devront rendre des comptes, ou peut-être que la justice divine leur promet un karma à la mesure de leurs actes terrestres. Leurs non-actes de protection d'une population de pêcheurs et paysans, qui sont les garants du grenier à riz du pays, est l'une des pires traîtrises à l'encontre de la majorité des Birmans, toutes ethnies confondues.

Le rapport post cyclone parle de lui-même : au bilan économique, soixante-quinze pour cent des buildings et maisons effondrées sur une distance de quarante, voire cinquante kilomètres à l'intérieur des terres allant jusqu'à cent cinquante kilomètres au sud de la capitale Rangoon. Dans le delta côtier, quatre-vingt-quinze pour cent des habitations et buildings ont été submergés, volatilisés. Des milliers de temples, pagodes et églises détruits.

Au niveau de l'environnement, les gigantesques vagues (telles un tsunami) poussées par des vents de deux cents kilomètres par heure ont détruit entièrement sur des milliers de kilomètres carrés les forêts domaniales et les rizières du delta, grenier à riz du pays. Fermes, cheptel et poissonneries décimés.

Neuf ans après, lorsque l'on roule en direction des plages de Ngwe Saung ou Chaungtha, les cicatrices ne sont pas encore refermées sur une nature qui peine à retrouver sa splendeur d'antan. Dans le cœur des hommes aussi, qui ont beaucoup de mal à retrouver leur équilibre car ils ont tout perdu. Là encore, j'ai eu du mal à être heureux devant tant de misère au grand jour.

De même pour les Selons (appelés communément Mokens en occident), les derniers « gitans de la mer ». Ceux qui ne demandent rien, veulent vivre en paix dans leurs îles. Les énormes vagues déferlantes du tsunami d'Aceh sont passées par chez eux un beau matin de 2004. On ne sait toujours pas vraiment ce que sont devenus les villageois sur certaines îles. Le gouvernement a refusé d'ouvrir ses frontières aux Occidentaux, tout comme avec le cyclone Nargis.

L'on sait très peu de choses des Selons birmans. Esseulés pendant des décennies, allant et venant entre une myriade d'îles à la recherche de nouveaux lieux de pêche, ils sont comme les Bajaus d'Indonésie, les garants de la pérennité des coutumes, hommes-nature libres que même le gouvernement birman, dans ses années les plus maussades, laisse en paix avec lui-même.

J'ai pu visiter à plusieurs reprises le peuple selon dans le sud de l'archipel de Mergui, comme ici sur l'île de Lampi. Quel plaisir de découvrir, alors que l'on approche de la côte, un groupe de maisons de bois ou bambou sur pilotis, posées sur la mer, là où les fonds d'une transparence pure, laissent apparaître le corail et des poissons multicolores.

Ces myriades d'îles toutes plus belles les unes que les autres, aux plages de sable d'un blanc éclatant à faire pâlir d'envie le voyageur occidental, ont été d'une protection absolue en ce mois de décembre 2004, lorsque les vagues venues du territoire d'Aceh ont déferlé sur le sud thaïlandais et le sud birman écrasant tout sur leur passage. Sans cette panoplie d'îles qui se déroulent sur près de cinq cents kilomètres dans l'archipel de Mergui, les côtes birmanes et les nombreuses petites villes qui la jalonnent auraient payé un lourd tribut.

Le peuple selon est assurément le dernier grand représentant des peuplades aquatiques qui survivent remarquablement sur la planète.

Rangoon

Le voyage prend fin à Rangoon. Elle était la porte d'entrée, elle est et reste la porte de sortie, au terme de cet immense périple de quarante ans d'aventures qui m'aura mené aux quatre coins de la Birmanie, selon mes vœux. La sagesse du Bouddha m'a toujours accompagné durant ces années de routes.

Un retour vers la capitale est des plus naturels. Et pourtant, il me laisse un goût un peu plus amer aujourd'hui, car ici comme ailleurs, le monde évolue trop vite.

La ville qui s'étale dans la plaine sur des dizaines de kilomètres, artères verdoyantes comme aucune autre en Asie du Sud-Est, est en phase de grands changements depuis l'avènement de la démocratie. Est-ce un bien, est-ce un mal ? La question se pose évidemment et les réponses seront diverses selon de quel bord ou forme de pensée l'on se positionne.

Pour ma part, j'ai connu l'ancien Rangoon, vu l'évolution au fil des années et le nouveau Rangoon d'aujourd'hui. Quel contraste saisissant lorsque l'on sort du centre-ville qui, lui, reste immuable, enroulé autour de sa pagode Sule, des vieux quartiers du marché et des ruelles où le petit commerce est roi. Ailleurs, l'on sent la mainmise sur la construction par un cartel d'hommes d'affaires de tous bords, qu'ils soient des personnalités de l'ancien régime plaçant leurs devises dans le boom immobilier, investisseurs asiatiques de toutes tendances et les traditionnels Européens, surtout Britanniques et Français pour l'hôtellerie.

Le dernier président Thein Sein, au début de son mandat en 2011, avait ordonné à son gouvernement de reconstruire Rangoon sur le modèle de Singapour. Aujourd'hui, l'on aperçoit dans les nouveaux quartiers résidentiels ou dans la nouvelle zone économique des immeubles de près de quarante étages, comme la Co's Tower ou le 555 Merchant Building. Et ce n'est que le début d'une ville qui, en 2050, ressemblera peut-être à Singapour ou Bangkok.

Et pourtant, Rangoon a un patrimoine immobilier inestimable avec ses anciennes villas datant des XVIIIe ou XIXe siècles, entourées d'une nature paisible, héritage du colonialisme britannique. Dans certains quartiers de la ville, en direction de la Shwedagon, l'on aperçoit ces demeures immenses, superbes de majesté, l'on voit des bâtisses à l'architecture étonnante et massive, mais que personne n'entretient ou ne veut restaurer. Manque d'argent de leurs propriétaires ou plutôt un prétexte pour tout raser et construire à la place, immeubles ou tours immenses qui seront le Rangoon de demain.

Le vieux style en Asie a fait long feu depuis longtemps. Quand l'on voit Singapour aujourd'hui et le quartier de Bugis Street ou Albert Street, fierté des Singapouriens il y a trente ans, on comprend mieux les mots du président Thein Sein et l'avenir déjà réglé de sa capitale Rangoon. Faire table rase du passé, devenir moderne, mais quid des merveilles historiques d'une autre époque ?

Un immense patrimoine est en train de disparaître. Le

Birman d'aujourd'hui n'est plus le même qu'il y a seulement dix ans. Il a faim de modernisme, de denrées nouvelles qui ne sont qu'un leurre de plus face à la sagesse du bouddha. Les promoteurs se frottent les mains.

Naypyidaw, la nouvelle capitale administrative au cœur même de la Birmanie rurale, est dans la continuité des fondements des royautés depuis le IXe siècle. Construite pour renaître en vainqueur, étaler sa puissance et son aura face à l'adversité environnante, mais aussi cacher ses faiblesses devant un monde nouveau qui ne la reconnaît pas.

Naypyidaw n'est qu'un leurre de plus à mettre sur le compte de généraux déchus, et n'égalera jamais Rangoon la bimillénaire. Elle n'intéresse personne avec ses immenses avenues à la chinoise, une ville pour « gratte-papiers » qui se fondent dans l'inconnu.

Aujourd'hui

Dans ce pays, les médias se comptent aujourd'hui par dizaines sur le territoire birman.

Certains journaux les plus en vue (en langue anglaise surtout) sont la propriété de fils ou de famille d'anciens militaires du régime. Sous le couvert de l'indépendance éditoriale et la liberté d'expression dans le processus de réforme entrepris par le gouvernement « officiellement civil » du président Thein Sein dès 2014, beaucoup d'articles dénoncent la défunte junte pour se racheter une conduite. Mais il est à parier que cette nouvelle liberté de la presse copiera rapidement le modèle d'antan. Certains nouveaux organes de presse tenus par des personnalités très riches feront très certainement de la propagande pour les intérêts commerciaux et politiques des nouveaux capitalistes et des anciens généraux. Ainsi va la Birmanie depuis un bon millénaire.

Ne Win, Khin Nyunt et Than Shwe sont les trois principaux généraux de la défunte junte militaire birmane. Quoi que l'on dise, quoi que l'on pense, il est très clair que si le pays n'avait pas été tenu par une main de fer, les minorités ethniques auraient pu accéder à l'indépendance totale depuis quelques décennies après le départ et avec l'assentiment des Anglais. Les généraux ont empêché la désintégration de l'union birmane selon les « bons vœux » du père de la nation, Aung San.

Sans eux, cette partie du monde serait peut-être différente aujourd'hui, et ils ont très certainement empêché une plus grande influence et colonisation de certains territoires limitrophes par la Chine communiste. Et même si les gouvernants d'alors étaient poussés à coopérer militairement avec leur seul faux-ami et grand voisin chinois.

Il en allait de même en Indonésie où le général Suharto, devenu chef de la nation, avait évité une désintégration du pays et/ou une prise de pouvoir par les masses d'obédience communiste, dont la Chine eût été la grande bénéficiaire.

Malheureusement pour Aung San, alors disparu, le dessein de ses successeurs était tout autre, au grand malheur de la nation.

La Ligue nationale pour la démocratie a obtenu la victoire après un très long combat et la plupart des sièges au parlement, aux dernières élections. Est-ce un signe de grand changement ?

Oui et non car on ne change pas de style de gouvernement du jour au lendemain, surtout en Birmanie. Un pays miné par la paperasse, les indicateurs qui par centaines de milliers doivent se racheter une conduite, oublier les mauvaises manières d'antan et rentrer dans le rang, et enfin les ethnies montagnardes et peuples périphériques. Tout cela est à gérer, et si l'on n'y fait pas attention, le risque de voir le peuple sur la mauvaise voie qui pour certains s'appelle indépendance. Bis repetita…

Au cours de l'année 2016, l'ancien homme fort du régime, le général Than Shwe, avait déclaré qu'Aung San Suu Kyi ferait une excellente présidente pour la Birmanie.

Le bourreau de Rangoon et du pays pendant plus d'une décennie, avait-il des regrets ce jour-là ? Ou essaie-t-il de se protéger pour éviter le tribunal des droits de l'homme de La Haye ou plus simplement un tribunal à la « sauce cambodgienne » ? Ou se sent-il amnistié d'office ?

Aung San Suu Kyi elle-même, aussi étrange que cela puisse paraître, ne veut pas de tribunal contre les militaires. Elle veut une armée sûre et solide pour son pays, garante des frontières de son territoire.

Une digne héritière de son père, le général Aung San, une force tranquille comme le Mahatma Gandhi.

« *Pour que le peuple puisse vivre dans la fraîcheur protectrice de la paix et de la sécurité, les gouvernants doivent suivre les préceptes du Bouddha. Les concepts de vérité, de droiture et de bonté sont au cœur de son enseignement. C'est à un gouvernement fondé sur de telles vertus qu'aspire le peuple démocrate birman.* »

Aung San Suu Kyi

Crépuscule birman

Au crépuscule de ce manuscrit, j'ai une pensée émue pour une jeune femme d'un village de moyenne Birmanie : Daw Kiaw Hmint.

Devant mes yeux ébahis, elle avait embrassé douze fois sur la bouche un cobra cracheur d'une taille impressionnante. Le venin jaillissait rapide et saccadé sur son visage, elle l'évitait à une vitesse éclair. Un combat de titans dont la jeune fille sortit vainqueur en posant ses lèvres sur la gueule du cobra, littéralement hypnotisé.

Ce jour-là, Kiaw Hmint était une grande prêtresse. Épuisée, elle repartit dans le silence d'une fin de jour, saltimbanque de la route birmane.

Épilogue

Aye Twin, l'ami de Pagan, sait mieux que quiconque que j'ai une vraie passion pour la terre birmane. Il me le répète à chacune de mes visites sur sa terre sacrée. Il sait que j'aurais aimé vivre à Pagan, la cité de la lumière divine.

L'ombre de l'arbre est fraîche
L'ombre des parents plus fraîche
L'ombre des professeurs plus fraîche encore
L'ombre des gouvernants d'une fraîcheur extrême
Mais l'ombre des enseignements du Bouddha
Est la plus fraîche de toutes.

Remerciements

Mon épouse I Gusti « Agung » Ayu Damayanti et mon fils Jonathan, qui connaissent et apprécient Pagan comme moi-même.

Brigitte Hilly, pour son savoir sur le peuple birman et la pertinence de ses conseils. « Le chant des pagodes », dont elle m'a gentiment composé le titre, est ce qui pouvait être de meilleur en ouverture de manuscrit.

Romain Lazzarotto, le lien familial, partenaire des émissions du podcast *Sur les routes de l'Asie* et conseiller indispensable sur la finalité du manuscrit.

Jean-Yves Durand, journaliste au magazine GEO, pour son aide et ses idées appropriées sur la correction finale de l'ouvrage.

André Caillon, l'ami de quarante années d'aventures asiatiques.

U Aye Twin, l'ami birman de Pagan, pour toujours.

U Tint Naung et U Kyaing Sein de Golden Express, mes compagnons d'aventures de trente années birmanes. Je les remercie pour tout ce qu'ils m'ont apporté comme soutien, autorisations, et une amitié sans faille.

Tourist Burma de la belle époque, même si j'en ai parfois gardé un goût amer. Mais grâce à cette agence gouvernementale, j'ai pu en d'autres temps découvrir de larges portions du pays, en liberté surveillée.

U Tin Pe et U Hla Kyi, les bons serviteurs du gouvernement birman sur les reportages télévisés.

Nicolas Hulot, dans sa quête de beautés immortelles sur

l'émission Ushuaïa Nature à Pagan et au lac Inle.

U Kon Dala, le moine du monastère Iwathit au lac Inle, et son affection très personnelle pour l'étranger de passage et les réveils.

Mu Louma, « la femme girafe » du territoire karenni pour sa prestance, sa gentillesse et son toit où dormir.

Bernard Guerrini, et les superbes reportages et rencontres que nous avons réalisés en terre birmane pour des chaînes de télévisions françaises ou productions privées.

Le site archéologique de Pagan, pour tout ce qu'il m'a apporté pendant tant d'années : aventure, beauté, grandiloquence, méditation, nirvanà…

U Tin Oo, artiste, pour ses chefs d'œuvres photographiques de Pagan, la cité de la lumière divine.

Mes parents, Delphine et Jean Paul Robinet. Mes frères et sœur Jean-Pierre, Marc-Henri et Marie Robinet qui m'ont suivi année après année, en pensée, sur mes pérégrinations asiatiques.

Chapitres